新型职业农民培育工程规划教材

XINXING ZHIYE NONGMIN PEIYU GONGCHENG GUIHUA JIAOCAI

现代农业创业

李晓华　罗丕东　岳玉书　主编

中国农业出版社

编写人员

主　　编　李晓华　罗丕东　岳玉书

副主编　刘　辉　张　超　任长青　乔仲良

　　　　　王长青　梁福生

参　　编：丁艳艳　王晓雪　陈建建　王雄飞

　　　　　邓晓智　冯荟萃　刘　静　吴世英

　　　　　张　强　周　文　赵秀英　胡　琨

　　　　　郭艳伟　解书香

随着经济的发展，越来越多的人投身到创业大潮中，而大力发展现代农业、建设农业强国，农民是主体；大力提高农民的科学文化素质，培养新型职业农民是关键。培养创业型新型职业农民，不但是现代农业实用人才培养的重要内容，更是一个长期、系统的工程。

农业创业者整合农业资源进行经济活动、创造社会价值，从而使劳动、知识、技术、管理和资本活力得到最好的融合，这是农业创业的根本。农民创业者是整个创业过程的主导，正如人是一切生产活动的决定因素一样，创业者需要全心投入其中，参与企业从初始到发展的全部过程。创业者的素质是创业的关键所在，心理素质、身体素质、知识素质和能力素质对于创业的最终结果起着重要作用。

在现代化创业的关键时期，需要更新职业农民的创业观念、强化创业理念、激发创业潜能、树立创业信心、借鉴成功经验、拓展创业视野、学习创业规范，理清创业思路、明确创业操作、提高创业本领，如此才能在新时期立于不败之地。本书共分为8个模块：创业准备与创业能力评估、了解你的农产品市场及其行情、筹集你的农业创业资金、编制农业企业创业计划书、组建你的农业创业团队、相关法律知识、增加你的农业企业收益的途径、农业资源典型项目。

每一模块均从【案例导入】开始，有利于更好地理解创业内容、理清创业思路；每一模块下又分为若干任务，每个任务从实际出发，更具有实用性、现实性、创新性、可操作性。在讲述原理的同时，在正文中也会穿插一些【典型案例】和【案例分析】，更易于理解，避免理论的枯燥乏味，增添了内容的趣味性、可读性，更便于读者理解和把握。

　　本书由多年从事农业创业培训的国家林业局国际竹藤中心李晓华老师担任主编，由密云区农村工作委员会刘辉和农业部管理干部学院培训部张超担任副主编，在编写中查阅了大量的资料，并总结多年的工作经验汇集成册。本书可用于新型职业农民培训，也可供有创业想法的广大读者参阅。

　　鉴于作者水平有限，加之编写时间仓促，书中不妥之处，恳请广大读者多提宝贵意见，以期进一步修订和完善。

编　者

2016 年 10 月

前言

模块一

创业准备与创业能力评估

【学习目标】

    1. 理解就业、创业及农业创业的基本概念。

    2. 掌握农业创业的特定内涵、基本类型与主要模式。

    3. 知晓创业的意图，创业的机遇，创业应注意的事项。

    4. 熟悉创业者应有的素质。

【任务描述】

    创业就是创办事业，即创业者整合资源进行经济活动、创造社会价值的过程，从而使劳动、知识、技术、管理和资本的活力得到最好的融合。创业者是整个创业过程的主导，正如人是一切生产活动的决定因素一样，创业者需要全心投入其中参与从初始到发展的全部过程，无论成败与否，都承担着企业的从无到有的全部过程，而这种过程就是创新。创业者的素质是创业的关键所在，心理素质、身体素质、知识素质和能力素质对于创业的最终结果起着重要作用。

【案例导入】

用勤奋和积累去创业

    甜旅（北京）农产品有限公司主要从事农产品电商服务，定位于移动互联网高端生鲜品牌，旨在为消费者提供安全优质的生鲜食材。它的创始人陈跃文是一位 80 后。

    早在读大学期间，陈跃文为了减轻家庭负担，一直勤工助学，他摆过地摊、打扫过实验室、做过肯德基的钟点工、推销过化妆品。在当家教的过程中发现商机，还办起了培训班，获得了不菲的收入。这为他积累了宝贵的社会经验，更为他积累起了后来创办农业企业的第一笔的创业资金。

    陈跃文说："当时，农大自主研发的水果玉米很火，我就想可不可以从这个方面入手去做点什么？"于是，当时才大学三年级的陈跃文就和他一个同学、一个师弟一起开始做农业方面的创业。他们用自己原始积累的资金买来水果玉米，一起在各个学校食堂门口摆起了玉米摊，卖冷冻的水果玉米。"那时候我们三个人辛苦了一个多月，共赚了 4 500 块钱。"陈跃文说，"当时的付出和收获是不成比例的，但是我们觉得值得。因为东西很受欢迎，当你经手的一份事业，做的有希望了，你就会奋不顾身继续朝前走，而不是回头看看能赚多少钱。"尝试了一段时间之后，陈跃文发现做农业这方面还是不错的。所以他们三个人就打算试一试，坚持走农产品方面的创业之路，只是这一次的道路更加广阔而漫长。

与一般的电商不同的是，他们的公司是按照产业链来做的，从种植到采收再到销售，甚至用肥用药等方面都是完全由他们自己把控的。在产业链中，他们会去制定标准，然后选择合适的农户和合作社去种植他们想要的产品。合作方负责去种，整个过程由他们负责管理。只因为他们有专业知识背景，所以制定的标准就会比较精准和严苛。然而，陈跃文一直承担着这样艰辛的管理，他说他只是为了不忘初心，努力做成自己想要的事业。

【案例分析】

如今谈创业，不少人还会有一夜暴富的心态。其实，运营一个小小的培训班，和掌控一个全产业链的农产品电商公司，所投入的热情、能量以及创业的心态都是完全一样的。在一个人创业初期，付出异于常人的辛苦，甚至吃一些"苦头"都是正常的。从中获得经验、模式，并充分开拓自己的渠道，积攒良好的市场资源才是最重要的。

任务一　明确就业与创业

一、就业的概念与内涵

就业是指处于法定劳动年龄范围内，具有劳动能力和就业愿望的公民，参加国民经济中某个部门的社会劳动，从而获得劳动报酬或劳动收入作为其生活主要来源的状况。就业的特征主要如下。

（1）就业的主体必须是具有劳动权利能力和劳动行为能力的公民。根据这个条件，就业的主体是年满 16 周岁的符合条件的公民。

（2）公民在主观上具有就业的愿望。如果公民没有就业的愿望，就不能实现就业。

（3）公民所从事的劳动限于国民经济领域，且具有合法性，并在一定期间内达到一定量。公民在国民经济领域的某个部门中从事合法劳动，才能被视为就业，其结果是劳动者获得了有劳动报酬或经营收入的职业。

二、创业的概念与内涵

创业是一种需要创业者运营、组织、运用服务、技术、器物作业的思考、推理和判断的行为。是创业者对自己拥有的资源或通过努力对能够拥有的资源进行优化整合，从而创造出更大经济或社会价值的过程。其内涵如下。

（1）创业是一种劳动方式。根据杰夫里·提蒙斯所著的创业教育领域的经典教科书《创业创造》的定义：创业是一种思考、推理结合运气的行为方式，它为运气带来的机会所驱动，需要在方法上全盘考虑并拥有和谐的领导能力。

（2）创业要创造新事物。创业作为商业领域，致力于创造新产品、新市场、新生产过程或原材料、组织现有技术的新方法等的机会，如何出现并被特定个体发现或创造，创业者如何运用各种方法去利用和开发它们，然后产生各种结果。

（3）创业是一个人发现了一个商机并通过实际行动转化为具体的社会形态，获得利益，实现价值的过程。

三、创业与就业的区别与联系

（1）创业和就业的区别。简单地说，前者是自己创造事业，为自己打工；后者是在别人的事业中寻找工作机会，为别人打工。

（2）从社会就业的角度看。就业是得到职业，负责一定的任务，获得一定的报酬；创业实质也是就业的一种特殊形式。一般来说，狭义上就业与"打工"联系在一起，创业与"当老板"联系在一起。创业是自己创办企业，不仅自己得到了"职业"、有了"工作"，还能通过创业创造岗位，安排其他人员就业，这叫创业的"倍增效应"。我国创业与就业的比例为2∶8。创业是为社会提供就业岗位，是为社会做贡献。相对而言，单纯地找工作"就业"是消费岗位，是社会要解决的负担。

（3）从经济学角度看。创业是民生之本、民富之基。在创业的过程中，参与剩余价值的分配，能使自己获得更多的经济利益，成为拥有更多财富的人。一个人一辈子单纯靠劳动报酬和工资吃饭，要想与别人拉开收入档次是不现实的。据调查，有79%的农民工有存钱计划，其中70%以上的要选择投资做生意，远远超过了要回家盖房子、结婚的人数。他们想通过鲤鱼跳龙门的方式完成向城市人的转变。

（4）从个人的价值体现上看。创业的过程是从被管理者向管理者转变的过程。就业，是借别人提供给自己的平台来展示能力，把希望和梦想托付给上司或老板，要求自己表现得更好，从而让上司或老板给自己加薪。而创业是靠自己的决心和眼光创造平台，把希望和梦想交给自己，每天只想如何更好地利用各种社会资源来赚钱养活自己、组织和员工。

任务二　什么是农业创业

　　农业创业是以农业基本生产资料为依托，创办农业企业，从而获得一定的利益。农业企业自身以营利为目的，在农业领域从事生产经营或为其相应的组织提供服务，它与一般的企业相似，都要从市场上购买基本生产资料，又需要在市场上完成终端销售。企业在经营过程中也要不断地与很多领域打交道，完成商品和现金的流通。

一、农业创业的基本领域

　　农业创业的基本领域主要有农业休闲旅游服务、种植、养殖、农产品运输、农产品加工、设施园艺、园林苗木等。以休闲农业为例，截至 2014 年底，全国休闲农业接待游客 10.5 亿人次；2015 年，全国各类休闲农业接待 11 亿人次，全国休闲农业蓬勃发展，产业规模日渐扩大、发展内涵不断提升、发展方式不断转变，全国休闲农业营业收入达到 4 100 亿元。

二、农业创业的主要模式

　　1. 渐进积累式　很多农业创业者有过打工的经历，从打工开始，就逐步积累经验和资金，为创业做准备。选择农业创业要注意几点：一是要选择自己感兴趣的事情，如农产品销售等，自己比较喜欢或较熟悉的事情，能够激发自己的灵感和主动性，能够给人以启发和创新的思维，对于今后的创业和发展有潜意识的帮助；二是要选择打工区域有规模、有优势、有潜在发展前途的农业项目来做，这对于今后的创业有一个起点高不高、能不能借鉴的问题；三是要做有心人，有目的地去学习和积累。学习你所在企业的农产品加工知识、经营销售知识、管理知识等，不能仅仅简单地学习你所从事的岗位知识；四是要充分利用好现有的各种资源，现在所积累的经验和人脉资源都是今后的无形资产，条件逐步成熟后就可以独立或合伙开创自己的事业了。

　　2. 连锁经营式　这种模式就是创业者选择一个自己比较喜欢的或者说是有发展潜力的事情，别人又成功地创造出了品牌，这样可以省去创立品牌的艰辛，寻求前辈或集体的支持，感悟成功者的福荫，降低创业的风险。加入连锁经营、参加农民专业合作组织，成为其中的一员，打好基础，再发展壮大。如成都红旗连锁经营、万源的巴山雀舌富硒茶、眉山泡菜系列、大凉山红富士等。

　　3. 独立开创式　这种创业模式，是创业者独立开创自己的事业，独自承担创业风险。因此，这种模式在具体的创业之前必须充分进行市场需求分析，选择好创业项目。这种模式可以充分实践创业者的个人创业计划、实现个人的创业目标。当事业成功时，创业者会有成就感；当事业失败时，创业者会承受巨大压力。这种模式需要创业者具有良好的心理素质和不屈不挠的精神。

任务三 农业创业面临的风险和机遇

创办农业企业意味着你将要去从事企业的经营活动，这与给人打工是完全不同的，可以说，创办企业是人生的一个重大步骤，它将改变一个人的生活。在创业过程中的任何因素，例如，创业者、创业团队、投资资金、消费市场、创业机会、创业环境等，如果其中的某一方面出现大的变故，都会造成创业上的不确定性，给创业带来风险。

一、农业创业的风险

1. 什么是风险 风险是指损失的不确定性。可能发生，也可能不发生。同时风险是会造成损失的。

2. 为什么现代农业创业有风险

（1）现代农业创业存在风险的原因。

① 现代农业创业企业多数规模小，人员少，懂专业知识的人更少，与传统农业相比，风险要大得多。

② 现代农业创业多数是专业从事一个项目，生产一种产品，在专业化的条件下，创业者能够提高生产效率，更好地完成生产与经营，同时创业要有较大的投入，在这种条件下，一旦出现不确定性的事件，也可能带来较大的损失。

③ 传统农业主要是满足家庭生活的需要，而现代农业创业者主要是面向市场。在现代社会，市场需求、供应等随时都会发生变化，进一步增加了现代农业创业的不确定性和发生风险的可能性。

（2）现代农业创业风险的特征。

① 客观性。现代农业创业风险不以人的意志为转移，是客观存在的。

② 不确定性。现代农业创业风险在空间、时间、损失程度等方面都存在不确定性，创业者可以分析和掌握创业的进程，但由于各种因素是不断变化、不完全确定、难以预料的，因此造成了创业风险的不确定性。

③ 可变性。随着形势的变化，信息化程度的提高，人们经验的丰富等，影响现代农业创业风险的大小、性质和程度也会发生变化。

④ 可识别性。根据风险的定义、分类、性质，风险是可能被认识的，也就是可以加以管理和控制的。

⑤ 相关性。现代农业创业风险与创业者的行为紧密相连，即使是同一风险，不同的创业者所采取的措施或策略不同，所产生的风险大小结果也会不同。

（3）风险与创业的关系。既然创业总要有不确定性，有带来较大损失的可能性，为什么还有不少农民全力投入创业呢。从根本上讲，主要是市场上风险与盈利往往是联系在一起的。传统的、我们熟悉的农业经营风险小，但盈利也小。现代农业创业风险较大，但其效率高，一旦成功，盈利高，能够促进企业的发展，带来人们生产和生活水平上的根本改变。因此，创业者需要了解风险、认识风险，同时也要不畏风险，还要采取有效的措施尽可能地规避风险。

3. 现代农业创业风险的种类　依照《中央企业全面风险管理指引》中，将企业风险分为战略风险、财务风险、市场风险、运营风险、法律风险。按照风险形成的不同层次，农业企业的风险可分为以下 5 个方面。

（1）技术风险。指由于农民缺乏农业技术或某些技术在应用后产生的不确定副作用，对农业生产经营活动所造成的损失。

【典型案例】

磷肥施用过度易导致多种危害

合理施用磷肥，可增加作物产量，改善产品品质。如在谷类作物中，可加速作物分蘖，促进幼穗分化、灌浆和籽粒饱满，促使早熟；在瓜类、茄果类蔬菜及果树等作物中，可促进花芽分化和开花结实，提高结果率；在栽种豆科绿肥时，可提高绿肥鲜草产量，使根瘤菌固氮量增多，达到以磷增氮的目的，此外，还可增加浆果、甜菜、甘蔗以及西瓜等的糖分、薯类作物薯块中的淀粉含量、油料作物籽粒含油量。然而，磷肥并非施用越多越好，因为当年施入的磷肥不能完全被作物吸收，会在土壤中累积，过量施用磷肥不仅无益，而且害处还多。

① 作物会从土壤中吸收过多的磷，使作物呼吸作用过于旺盛，消耗的干物质大于积累的干物质，造成繁殖器官提前发育，引起作物过早成熟，籽粒小，产量低。

② 诱发土壤缺锌。过量施用磷酸钙会使土壤里的锌与过量的磷作用，产生作物无法吸收的磷酸锌沉淀，使作物出现明显的缺锌症状；过量施用钙镁磷肥等碱性磷肥后，土壤碱化，造成锌的有效性降低，从而影响作物对锌的吸收。

③导致作物得磷失硅。过量施用磷肥会造成土壤中的硅被固定，不能被作物吸收，引起作用缺硅，尤其是对喜硅的禾本科作物影响更大，如水稻，缺硅会发生茎秆纤细，倒伏及抗病能力差等缺硅症状。

④使作物得磷缺钼。适量施用磷酸二氢钾磷肥会促进作物对钼的吸收，而过量施用磷肥会导致磷和钼失去平衡，影响作物对钼的吸收，表现出缺钼症。

⑤导致土壤中有害元素积累。磷肥主要来源于磷矿石，磷矿石中含有许多杂质，包括镉、铅、氟等有害元素。施用磷肥会引起土壤中镉的增加，年增长量为 $0.08\% \sim 0.15\%$，且这种镉有效性高，易被作物吸收，给人畜造成危害。

⑥导致土壤理化性质恶化。过磷酸钙含有大量游离酸，连续大量施用，会造成土壤酸化。而钙镁磷肥含有 $25\% \sim 30\%$ 的石灰，大量施用会使土壤碱性加重，理化性质恶化。

（资料来源：http://www.agri.cn/kj/syjs/zzjs/201505/t20150507_4582-441.htm）

现代农业的技术风险来自于农业技术经济绩效的不确定性、农业技术应用的复杂性和农民素质状况。对新技术理解的偏差和操作的失误都可能对农业生产造成直接经济损失和灾难性的后果。

（2）项目选择风险。现代农业创业更主要来自于项目的合理性。创业项目是否符合国家政策法规，是否切实可行，是否定位准确，通过成本利益估算是否能实现经济效益、生态效益、社会效益。

（3）自然风险。如农产品生产的周期性、自然灾害的客观存在、农业生产力水平较低，这些都会给农民带来风险。

①自然资源风险。自然资源风险可以理解为正常条件下的自然环境风险。农业企业生产的自然特性与其所占用资源的量、质和地理位置都密不可分，并在很大程度上直接决定了农业企业经营业绩的好坏。

在数量方面，相关资源的短缺（如水资源和土地资源）会严重影响农业企业的生产营运。在质量方面，环境污染对资源质量所带来的不利影响会从根本上影响农业企业的经营效益。与此同时，资源的地理位置也直接决定了农业企业的营运成本，距离越远运输成本越高，交通不便也会使成本提高。

②自然灾害风险。自然灾害风险可以理解为异常条件下的自然环境风险。由于农业的生产特性，自然因素对农业的影响相比对其他行业更为严重。自然灾害一方面会影响农业企业的产量，另一方面还会影响农业企业的产品质量；

这些都会增加农业企业的风险，造成农业企业效益不稳定。

（4）市场风险。农户还面临产品销售不畅、价格偏低、价格不稳定或者受到竞争对手的挤压而带来的市场风险。形成市场交易风险的原因主要包括两个方面：

① 由于谈判力量不对等而导致价格波动的风险。谈判力量不对等是指在市场交易双方的拉锯战中，谈判力量强弱悬殊比较大，谈判力量强的一方在交易中处于主动地位，控制（决定）市场交易行为，谈判力量弱的一方在交易中处于被动地位，往往服从市场交易行为。

② 市场信息不对称产生的交易风险。市场信息不对称就是在交易过程中双方接受的市场信息不一致。单个农户购买生产资料、销售自己生产加工（初加工）的农产品时，就面临着因为交易对象众多而带来的高度不确定性，而市场的不完整、市场信息不畅通、市场交易条件经常变化以及农产品市场的近乎完全竞争特征等，都在加剧这种不确定性的程度。

（5）订单风险。农产品订单是指农户根据其本身或其所在的乡村组织同农产品的购买者之间所签订的订单，组织安排农产品生产的一种农业产销模式。但是农民往往处在弱势群体的地位，由此产生了订单风险。

二、农业创业的机遇

创业是发现市场需求，寻找市场机会，通过投资举办和经营企业来满足这种需求的活动。因此，创业活动的显著特点是机遇导向，即创业往往是从发现、把握、利用某个或某些机遇开始的。机遇是创业的重要前提和基础。通过教师组织引导，学生听课、自学、讨论和案例分析等，了解机遇的概念与内涵；理解机遇的特征及现代农业创业机遇的类别；掌握现代农业创业就业的识别与把握。

1. 了解机遇的概念与特征

（1）机遇的概念与内涵。什么是机遇？如果用通俗的话说，机遇就是机会，又称契机或者时机，就是好的境遇。如果说深一点，机遇可表述为：历史或者事物在发展或运动过程中出现的可供人们利用的大好机会。

有时机遇对每个人都是均等的，有时却不是。有时机会降临到头上，却没有被把握住。人生的机遇不会太多，但机遇往往是留给有准备的人的。管理学家劳伦斯·J. 彼得曾说，不要有怀才不遇、生不逢时的想法，只要你是锥子，哪怕是放在口袋里，年长日久，也会冒出尖来。

机遇是富有神奇色彩的，一个人的成功一半靠机遇，一旦失去了机遇，将终生遗憾。实际上，在人生的道路上要坚信通过自己的努力是会获得机遇的，这也是一个人的精神支撑。作家梁晓声曾说：有的人搭上机遇的快车，顺风而行；有的人错过了它，终生遗憾。

（2）机遇的特征。要抓住机遇，就必须对机遇的特征有所了解，以从中悟出道理，从而认识和发现机遇，珍惜和用好机遇。

① 机遇的层次性。机遇有高低层次之分，也有大小之分。所谓高层次、大机遇，可以理解为有利于事物发展的大好环境和有利的时机；而所谓低层次、小机遇，则可以理解为有利于事物发展的具体条件、机会和信息。如对于一个人或者一件事来说，所面临的既有国际与国内大好形势、有利政策、宽松条件等的高层次、大机遇，也有适合自身、对自己有利的低层次、小机遇。实际上，低层次、小机遇，是一种有利于小范围或者小事件发展的机会，其容量不大、时间又短，往往更难得，对小范围或者小事件来说却有着巨大的作用，因而对于有关的人或者事来说事关重大、不容忽视。

② 机遇的隐蔽性。机遇是一定时间和空间的产物，是矛盾运动与转化的重要环节，也是事物发展规律的特殊体现，因而它总以一种看不见、摸不着但却能感觉到的表象出现。稍纵即逝的偶然机遇常常使毫无思想准备的人们在失之交臂的反思中扼腕慨叹、后悔不已。这方面的教训是深刻的，大至国家战略决策的制定，小到个人取得成就或者成才，无不从反面论证了克服思想上的麻木，提高观察事物的洞察力，对适时抓住机遇具有何等重要的意义。

③ 机遇的时效性。事实上，机遇是历史（事件）在运动过程中出现的一种有利于某种事业发展的"一时"的机会，抓住了这个"一时"的机会就能把事情办好，错过了这个"一时"的机会就很难把事情办好，成功只属于那些先抓、会抓机遇的人。

④ 机遇的竞争性。机遇在一定的区位内是统一共有的，在机遇面前人人平等，这就自然显示了机遇的重要特征之一：竞争性。因此，在市场经济条件下，领导者、经营者谁有强烈的机遇意识和竞争意识，谁就能真正地抓住机遇，并为己所用。实践中，关键是看你有没有强烈的责任感和敏锐性捕捉机遇，有没有时代的危机感和紧迫感拼抢机遇，有没有认真的科学态度用好机遇。在机遇面前，由于人们行为上的差异就产生了机遇运用效果的差异。对此，实践中不乏有成功的经验和失败的教训。

⑤ 机遇的可预见性。机遇，顾名思义就是遇到的机会，是历史或者事物在发展或运动过程中出现的可供人们利用的大好机会。机遇具有层次性、隐蔽性、时效性、竞争性和可预见性等特征。

机遇是有利的环境和条件，机遇是可利用的信息和事件，机遇能给我们带来效益，但它并非来无影去无踪，是完全可以预见的。实践中，关键是要从以下 3 个方面去发现和捕捉机遇：其一，审时度势，预见机遇。形势和机遇是紧密联系的一对孪生兄弟。只要高瞻远瞩，把握时代的脉搏，进行科学的分析和预测，就可以发现和捕捉住机遇，否则机遇就会从我们身边飘然而逝。其二，广搜信息，发现机遇。信息是一种重要资源，是我们抓机遇闯市场的重要条件。信息越多，我们发展经济的路子就越多，选择的余地就越大。因此，要千方百计地广泛搜集信息，并进行信息的储备和处理，为闯市场捕捉更多的机遇。其三，营造市场，扩大机遇。在一定时间和空间，社会尚待开发的产业是层出不穷的，或者说经济发展和增长过程中，等待人们去开拓的领域是大量的，如社会需要但未列入社会计划的产品生产，有开发前景但未利用的产业和产品生产，有实用价值但尚未生产运用的科技成果等。这就需要我们去营造、去捕捉。

2. 创业机遇的概念　创业机遇，也称创业机会、创业契机或者创业时机，亦即商业机会或市场机会，是指有吸引力的、较为持久和适时的一种商务活动的空间，并最终体现在能够满足顾客某种需求的产品或服务中。好的创业机遇，必然具有特定的市场定位，专注于满足顾客的某种需求，同时能为创业者带来现实或者潜在的增值效果。

3. 创业机遇的识别　创业需要机遇，机遇要靠发现。创业难，发掘创业机遇更难。要想寻找到合适的创业机遇，创业者应识别或辨别以下创业机遇。

（1）现有市场机遇和潜在市场机遇。市场机遇中那些明显未被满足的市场需求称为现有市场机遇，那些隐藏在现有需求背后的、未被满足的市场需求称为潜在市场机遇。现有市场机遇表现明显，往往发现者多，进入者也众，竞争必然激烈。潜在市场机遇则不易被发现，识别难度大，往往蕴藏着极大的商机。例如，金融机构提供的服务与产品大多是针对专业投资大户，而占有市场大量资金的普通投资者未受到应有的重视，这种矛盾显示出为一般大众投资提供服务的产品市场极具潜力。

（2）行业市场机遇与边缘市场机遇。行业市场机遇是指某一个行业内的市场机遇，而在不同行业之间的交叉结合部分出现的市场机遇被称为边缘市场机遇。一般而言，人们对行业市场机遇比较重视，因为发现、寻找和识别的难度较小，但往往竞争激烈，成功的概率也低。而在行业与行业之间出现的夹缝地带，往往很少有人涉足或难以发现，需要有丰富的想象力和大胆的开拓精神，一旦开发，成功的概率也较高。比如，人们对于饮食需求认知的改变，进而创造了美食、健康食品等新兴行业。

（3）目前市场机遇与未来市场机遇。那些在目前环境变化中出现的市场机遇称为目前市场机遇，而通过市场研究和预测分析它将在未来某一时期内实现的市场机遇称为未来市场机遇。如果创业者能够提前预测到某种机遇会出现，那么就可以在这种市场机遇到来之前早做准备，从而获得领先的优势。

（4）全面市场机遇与局部市场机遇。全面市场机遇是指在大范围市场出现的未满足的需求，如国际市场或全国市场出现的市场机遇，着重于拓展市场的宽度和广度。而局部市场机遇则是在局部范围或细分市场出现的未满足的需求。在大市场中寻找和发掘局部或细分市场机遇，见缝插针、拾遗补缺，创业者就可以集中优势资源投入目标市场，有利于增强主动性，减少盲目性，增加成功的可能性。

三、创业机遇的把握

创业者不仅要善于发现机遇，更需要正确把握机遇并果敢行动，将自己的创业设想变成现实的结果。

（一）现代农业创业机遇的类别

1. 着眼于问题，把握机遇　机遇并不意味着无需代价就能获得，许多成功的企业都是从解决问题起步的。比如，顾客需求在没有满足之前就是问题，而设法满足这一需求，就抓住了市场机遇。美国"牛仔大王"李维斯的故事多年来为人津津乐道。19世纪50年代，李维斯像许多年轻人一样，带着发财梦前往美国西部淘金，途中一条大河拦住了去路，李维斯设法租船，做起了摆渡生意，结果赚了不少钱；在矿场，李维斯发现由于采矿矿工出汗多，饮用水紧张，于是别人采矿他卖水，又赚了不少钱；李维斯还发现，由于跪地采矿，许多淘金者裤子的膝盖部分容易磨破，而矿区有许多被人丢掉的帆布帐篷，他就把这些旧帐篷收集起来洗干净，做成裤子销售，"牛仔裤"就这样诞生了。李维斯将问题当作机遇，最终实现了他的财富梦想。

2. 利用变化，把握机遇　变化中常常蕴藏着无限商机，许多创业机遇产生于不断变化的市场环境之中。环境变化将带来产业结构的调整、消费结构的升级、思想观念的转变、政府政策的变化、居民收入水平的提高等，人们透过这些变化，可以发现新的机遇。如私人轿车拥有量的不断增加将产生汽车销售、修理、配件供应、清洁、装潢、二手车交易和陪驾等诸多创业机遇。任何变化都能激发新的创业机遇，需要创业者凭着自己敏锐的嗅觉去发现。许多很好的商业机遇并不是突然出现的，而是对先知先觉者的一种回报。聪明的创业者往往选择在最佳时机进入市场，当市场需求爆发时，他已经做好了准备正等着接单。

3. 跟踪技术创新，把握机遇　世界产业发展的历史告诉我们，几乎每一个新兴产业的形成和发展，都是技术创新的结果。产业的变更或产品的替代，既满足了顾客需求，同时也带来了前所未有的创业机遇。比如，电脑诞生后，软件开发、电脑维修、图文制作、信息服务和网上开店等创业机遇随之而来。任何产品的市场都有其生命周期，产品会不断趋于饱和达到成熟直至走向衰退，最终被新产品所替代，创业者如果能够跟踪产业发展和产品替代的步伐，通过技术创新则能够不断寻觅到新的发展机遇。

4. 在市场夹缝中，把握机遇　创业机遇存在于为顾客创造满足其需求的产品或服务中，而顾客的需求是千差万别的。创业者要善于找出顾客的特殊需求，盯住顾客的个性需求并认真研究其特征，这样就可能发现和把握商机。目前，创业者热衷于关注所谓的"高大上"领域创业，但创业机遇并不只存在于"高大上"领域，在农业的种植、养殖、加工、流通等这些所谓的非"高大上"领域也有机遇。此外，还有为数不少的创业者追求向行业内的最佳企业看齐，试图通过模仿快速取得成功，结果使得产品和服务出现雷同，导致众多企业为争夺现有的客户和资源展开激烈竞争，使企业生存面临困境。因此，创业者要克服从众心理和传统思维习惯的束缚，着力寻找市场空白点或市场缝隙，从行业或市场在发展中所形成的空白或者缝隙地带把握机遇。

5. 弥补对手缺陷，把握机遇　很多创业机遇是缘于竞争对手的失误而意外获得的，如果能及时抓住竞争对手策略中的漏洞而大做文章，或者能比竞争对手更快、更可靠、更便宜地提供产品或服务，也许就找到了机遇。为此，创业者应追踪、分析和评价竞争对手的产品和服务，找出现有产品存在的缺陷，有针对性地提出改进产方法，形成创意，并开发具有潜力的新产品或新功能，就能够出其不意，成功创业。

6. 捕捉政策变化，把握机遇　中国市场受政策影响较大，新政策出台往往会引发新商机，如果创业者善于研究和利用政策，就能抓住机遇站在潮头。2006年，国家出台了新的汽车产业政策，鼓励个人、集体和外资投资建设停车场。在停车场日益增多的同时，对停车场建设中的智能门禁考勤系统、停车场管理系统、通道管理系统等的需求也随之增多，专门供应停车场所需的软硬件设备就成为一个重要商机。事实上，从政策中寻找创业机遇并不仅仅表现在政策条文所规定的表面，随着社会分工的不断细化和专业化，政策变化所提供的机遇还可以延伸，创业者可以从产业链在上下游的延伸中寻找机遇。

（二）现代农业创业机遇的识别

【典型案例】

煮 酒 论 英 雄

孙龙德，"义酒坊"品牌创始人，于2007年成立了贵州省仁怀市义酒坊酒业有限公司，现任公司董事长一职。

义酒坊创立初心

义酒坊主要针对日常宴请和商务宴请，弥补了茅台酒与低档酒之间的空位。以精品的酒质、高档的包装、低廉的价格及优良的品牌为服务宗旨。公司同时具有先进的营销理念及策划运营模式，可以开发最合适的产品，为各企业量身订造企业招待专用酒，根据行业客户的要求设计其独特的包装。

"酒香不怕巷子深"。孙龙德说，真正的好酒是永久弥香的、是可以陈年封存的、是经得起岁月考验的。国学倡导"仁、义、礼、智、信"，也为做人的基本信条，义酒坊就是取其"义"字。企业的口号就是"义字当先，酒交天下"。

公司义酒坊系列产品的酿造工艺与国酒茅台同根同源，采独特自然之气，取美酒河之水，历经两次加生沙，九次蒸馏、八次发酵、七次取酒而成，酒质晶亮透明，微有黄色，酱香突出，令人陶醉，细腻芬芳，更具闻之和谐、醇香，入喉绵软柔和，饮后不口干，次日不上头之四大特点。

喜欢思考，抓住机遇

孙龙德说，很多人经常感慨这个社会的机遇越来越少，不像以前那么多，却从来不反思自己有没有足够强大，有没有能抓住机遇的眼光和勇气。他感慨到，机遇其实就是一个披头散发的美女，当她迎面而来的时候，你看不见她的长相，你不敢贸然出手；当她与你擦肩而过的时候，你仔细一看，果然是美；当你伸手想抓的时候，却发现她的后脑是光的，再也抓不到，机会就这样溜走了。

孙龙德说，中国源远流长的酿酒工艺及酒文化在全世界都是数一数二的，他比较幸运的是生活在国酒之都茅台镇，有机会能时时感受当今世上酿造工艺最传统最复杂的酱香美酒，他认为这是他一生最大的幸福。同时，把根留住，传承古镇美酒，创立义酒坊的使命就是把纯粮的窖藏老酒、健康酒奉献给我们身边的每一位亲人和朋友。

【案例分析】

创业需要合适的时间，合适的机遇。在资源具备上，一般来说，要符合两种条件：一是要有进入一个行业的起码的资源，二是具备差异性资源。如果任何条件均不具备，创业成功的可能性很小。虽然一些机遇出现时，往往其环境和条件并不尽如人意，但这一机遇被抓住了，并站住了脚跟，之后的发展会越来越好。

1. 创业机遇识别的主要影响因素　创业机遇识别是创业的前提条件，是多种因素综合作用所形成的认知过程。实际上，影响创业机遇识别的主要因素包括创业者先前经验、社会资本、创业警觉、认知特征、个体特征等。

（1）先前经验。创业者先前经验，主要包括创业者的行业经验、创业经验、管理经验及从事研发、市场营销、财务等工作的经验等。实际上，学习和培训作为人力资本要素中的重要部分，其在知识积累的过程中具有重要作用。因此，对于创业者来说，除了先前工作经历和创业经历外，对创业有关知识的学习和培训经历也是其先前经验的重要组成部分。

（2）社会资本。创业者的社会资本是和识别创业机遇、开辟新途径、创造新产品或服务、创立新组织并解决经济社会实践中的问题联系在一起的。创业者社会资本是由一些特殊类型社会关系连接在一起的一系列结点，该社会关系网络的不同方面则是由不同的类型的关系所组成的。创业者社会资本首先是个人拥有的社会资本的一种，表明创业者拥有什么样的社会关系；其依附于创业者个体，以创业者为中心构成网络体系，是创业者创建的组织与社会环境的关键结点；其建立在企业群体范式上，由信誉、规范所引导，由创业者与新组织之外的社会成员、创业者与社会组织以及创业者与新组织内部组织和成员之间所构成，是创业者动员内部和外部资源的能力，这些资源包括政府行政与法律资源、生产与经营资源、管理与经营资源、精神与文化资源等，从而最终可以给创业者带来利益或潜在利益。

（3）创业警觉。被认为是一种不进行搜寻就注意到此前一直被忽略的机遇的能力，是一种持续关注的能力，其关注那些尚未被发觉的创业机遇，它不仅是一种天赋，更多的是不同个体在实践中学习、积累和沉淀出来的认知特质。实践中并不是所有人都可以成功识别出创业机遇从而成为创业者，但创业警觉性高的个体成功识别出创业机遇而成为创业者的概率大。研究表明，对所有创业者或潜在创业者来说，创业警觉都是其识别创业机遇的重要影响因素。

（4）认知特征。创业者的主要职责是挑战不确定的环境，因此他们更容易受认知偏见的影响。一般来说，创业者对自己的理想有更深的承诺和责任感，他们计划将理想变为现实的事业，因此，要让创业者否认自己的理想和抱负则非常困难。事实上，创业者通常比其他人考虑的问题更复杂，他们更容易受认知偏见的影响。此外，认知方面的不同并不是来自于创业者和其他人的个性特征，而是由于创业者所处的情境和处理的问题的不确定性，更容易把这些偏见扩大。

（5）个体特征。创业者的个体特征，包括性别、学历、年龄等，与其风险容忍度之间存在着密切的关系。个体特征的差异直接影响其资源获取的能力及创业的意愿和行为。研究显示，性别、家庭年收入及个人经历与创业者意愿直接相关。创业者表现出积极的价值取向，则对其创业能力持积极的自我评价。硬件设施、社会关系和政府服务等直接影响创业者的创业地点选择。实践表明，公正和善、勤劳果断及渴望成功被认为是成功创业者的必备品质。

2. 现代农业创业机遇识别的过程　一般来说,发现和识别现代农业创业机遇,需要经历以下过程。

(1) 调查与了解。即现代农业创业机遇信息收集,是发现和识别现代农业创业机遇的基础性工作。首先,要明确目的或目标。例如,创业者可能会认为自己的产品或服务存在一个市场,但又不能确信:产品或服务如果以某种形式出现,谁将是顾客。这样,一个目标便是向人们询问他们如何看待该产品或服务,是否愿意购买,并了解有关人口统计的背景资料和消费者个人的态度。当然,还有其他目标,如了解有多少潜在顾客愿意购买该产品或服务,潜在的顾客愿意在哪里购买,以及预期会在哪里听说或了解该产品或服务等。其次,从已有数据或第二手资料中收集信息。这些信息主要来自于杂志、图书馆、政府机构、大专院校、专门的咨询机构及互联网等。一般需要搜集一些有关行业、竞争者、顾客偏好趋向的信息,创业者应尽可能利用这些信息。最后,从第一手资料中收集信息。收集第一手资料包括一个数据收集的全过程,如观察、上网、访谈、试验以及问卷等。该种信息的获得一般说来成本比较高,但能够获得更有意义的信息,可以更好地识别创业机遇。

(2) 分析与认识。就是现代农业创业者在调查与了解的基础上,通过对其市场环境、技术环境、政策环境等的分析,从而发现和认识真正的创业机遇。

市场环境分析可以从宏观、中观和微观 3 个层次来进行。在宏观上,主要是对经济因素、文化因素的分析。在中观上,主要是对行业需求的分析。如农产品市场是增长的还是衰退的、新的竞争者的数量,以及消费者需求可能的变化等重要问题,创业者必须加以认真考虑,以便确定所创建的农业企业所能获得的潜在市场规模。在微观上,主要是潜在的进入者、行业内现有竞争者、代用品的生产者、供应者和购买者等。

政府的农业政策、法律与法规等都可能直接或间接影响现代农业创业的活动。例如,取消农业税、放开农产品市场、实行保护价收购粮食等大宗农产品等,这些都会对现代农业创业者的农产品开发和市场营销等产生影响。另外,政府对市场的规制也是一个值得重视的方面。

(3) 评价与确定。对于现代农业创业者而言,创业机遇的甄别类似于对投资项目的评价,这对创业者是十分重要的。另一方面,这也帮助现代农业创业者从另一角度来分析其创业设想是否具有实际价值。一般来说,创业者要对创业机遇在 SWOT(优势、劣势、机会、威胁)分析的基础上,做出综合评价,特别是要分析其所具有的巨大潜力,或者其中所拥有的竞争者望尘莫及的优势。

综上所述,在对各种创业机遇的感悟与搜寻过程中,在对现代农业创业机遇的时机的感觉与把握过程中，结合自身的能力，创业者即可形成初步的创业思路，即创业设想。经过识别与分析过程，创业者发现创业机遇，再经过评价过程最终即可被识别、确定是创业机遇。

【典型案例】

掘金黄土地 放飞创业梦

2010年，在农村长大的许前贵从四川农业大学毕业，在绵阳找到了一份收入不错的工作。但为了实现人生价值，他毅然辞职，回农村"刨地找钱"。许前贵通过考察，发现刘营镇五羊村交通便利、地势平坦，是蔬菜种植的理想场所。在与相关部门联系后，刘营镇政府在土地流转、贷款、基础建设等方面给予了他诸多优惠政策。拿着借贷来的资金，许前贵在当地流转了50亩*土地，开始了创业。许前贵从山东、成都等地引进优质蔬菜种子，精细化耕作、精细化管理。由于掌握了新的技术，蔬菜产量大幅提升。同时，他还自我摸索水、肥滴灌技术，既经济又实用。当地蔬菜种植户纷纷上门取经，许前贵总是悉心传授。

"土地流转给大学生们不但有流转费用，在这里打工每天还可以挣50多块钱呢。"在蔬菜基地做活儿的村民说，许前贵这娃娃舍得吃苦，半年时间不到都晒成"焦炭娃儿"了。正是这种干事创业的劲头，许前贵的蔬菜种植业蒸蒸日上，亩收入达2万多元。

（资料改编自：《农民日报》2014年6月20日07版）

四、现代农业创业者应具备的基本素质

现代农业创业是极具挑战性的社会活动，是对创业者自身的智慧、能力、气魄、胆识的全方位考验。一个人要想获得创业的成功，必须具备基本的创业素质。创业基本素质包括创业意识、创业精神、创业品质和创业能力。

1. 要有强烈的创业意识（想创业） 创业意识包括创业的需要、动机、兴趣、理想、信念和世界观等要素。要想取得创业的成功，创业者必须具备自我实现、追求成功的强烈的创业意识。强烈的创业意识能帮助创业者克服创业道路上的各种艰难险阻，将创业目标作为自己的人生奋斗目标。创业的成功是思想上长期准备的结果，事业的成功总是属于有思想准备的人，也属于有创业意识的人。

2. 要有坚定的创业精神（敢创业） 创业过程中会遇到挫折与失败是再正常不过的事情了。也许有时候会觉得前途一片茫然，有时候会觉得自己很无

---

* 亩为非法定计量单位，1亩≈667米^2。——编者注

助，有时候又觉得创业太过辛苦，无法再继续。但坚持就是胜利，这就是坚定，就是自信。要成为一名成功的创业者，必须坚持信仰如一，拥有使命感和责任感；信念坚定，顽强拼搏，直到成功。要相信自己有能力、有条件去开创自己未来的事业，相信自己能够主宰自己的命运，成为创业的成功者。

3. 要有良好的创业品质（能创业）　现代农业创业之路是充满艰险与曲折的，自主创业就等于是一个人去面对变化莫测的激烈竞争，以及随时出现的需要迅速正确解决的问题和矛盾，这需要创业者具有非常强的心理调控能力，能够持续保持一种积极、沉稳的心态，即有良好的创业心理品质。如果不具备良好的心理素质、坚韧的意志，一遇挫折就垂头丧气、一蹶不振，那么在创业的道路上是走不远的。只有具有处变不惊的良好心理素质和愈挫愈强的顽强意志，才能在创业的道路上自强不息、竞争进取、顽强拼搏，才能从小到大、从无到有，闯出属于自己的一番事业。

4. 要有全面的创业能力（会创业）　创业能力是一种以智力为核心的具有较高综合性的能力，是一种具有突出的创造特性的能力。创业能力包括专业技术能力、经营管理和社交沟通能力、分析和解决实际问题的能力、信息接受和处理能力、把握机会和创造机会的能力等方面。

（1）决策能力。决策能力是创业者根据主客观条件，因地制宜，正确地确定创业的发展方向、目标、战略及具体选择实施方案的能力。创业者的决策能力通常包括分析能力和判断能力。在创业的过程中，能从错综复杂的现象中发现事物的本质，找出存在的真正问题，分析原因，从而正确处理问题，这就要求创业者具有良好的分析能力。所谓判断能力，就是能从客观事物的发展变化中找出因果关系，并善于从中把握事物的发展方向。

（2）经营管理能力。经营管理能力是指对人员、资金的管理能力。经营管理能力的形成要从学会经营、学会管理、学会用人、学会理财几个方面去努力。

① 学会经营。现代农业创业者一旦确定了创业目标，就要组织实施，为了在激烈的市场竞争中取得优势，必须学会经营。

② 学会管理。现代农业创业者要学会质量管理，始终坚持质量第一的原则。质量不仅是生产物质产品的生命，也是从事服务业和其他工作的生命，创业者必须严格树立牢固的质量观。要学会效益管理，始终坚持效益最佳原则，效益最佳是创业的终极目标。

③ 学会用人。市场经济的竞争是人才的竞争，谁拥有人才谁就拥有市场、拥有顾客。一个企业没有优秀的管理人才、技术人才，这个企业就不会有好的经济效益和社会效益；一个创业者不吸纳德才兼备、志同道合的人共创事业，

创业就难以成功。因此，必须学会用人。要善于吸纳比自己强或有某种专长的人共同创业。

④ 学会理财。现代农业创业者要学会理财。首先要学会开源节流，开源就是培植财源，在创业过程中除了抓好主要项目创收外，还要注意广辟资金来源。节流就是节省不必要的开支，树立节约每一滴水、每一度电的思想。其次要学会管理资金：一是要把握好资金的预决算，做到心中有数；二是要把握好资金的进出和周转，每笔资金的来源和支出都要记账，做到有账可查；三是把握好资金投入的论证，每投入一笔资金都要进行可行性论证，保证使用好每一笔资金。

（3）专业技术能力。专业技术能力的形成具有很强的实践性。许多专业知识和专业技巧要在实践中摸索，逐步提高、发展、完善。创业者要重视在创业过程中积累专业技术方面的经验和职业技能的训练，对于书本上介绍过的知识和经验在加深理解的基础上予以提高、拓宽；对于书本上没有介绍过的知识和经验要探索，在探索的过程中要详细记录、认真分析，进行总结、归纳，上升为理论，形成自己的经验特色并积累起来。只有这样，专业技术能力才会不断提高。

（4）交往协调能力。交往协调能力是指能够妥善地处理与公众（政府部门、新闻媒体、客户等）之间的关系，以及协调下属部门成员之间关系的能力。协调交往能力在书本上是学不到的，它实际上是一种社会实践能力，需要在实践活动中学习，不断积累、总结经验。

【模块小结】

要看准市场，因地制宜选好项目。选择项目的首要依据是看好产品的销路，着重于本地的销售市场，而不要过分寄托于"出口外销""产品回收"等。

种植业（植物栽培业），是指栽培各种农作物，以及取得植物性产品的农业生产部门，是农业的主要组成部分之一。它利用植物的生活机能，通过人工培育以取得粮食、饲料、副食品和工业原料的社会生产部门，主要包括各种农作物、果树、药用和观赏等植物的栽培，有粮食作物、蔬菜作物、经济作物、绿肥作物、饲料作物、牧草、花卉等园艺作物等。在中国，种植业通常指粮、棉、油、糖、麻、丝、烟、茶、果、药、杂等作物的生产，亦称狭义的农业、农作物栽培业。

创办一家农业企业，成为企业的老板，不是一件容易的事，这其中的种种艰辛和不易不是一般人可以承受的。你要了解什么是农业企业以及自己是否适合做一名农业企业的老板。当你经过调查，脚踏实地地踏出这一步，你会对是否自己是否适合创办一个农业企业有更清晰的认识。

　　成功创办自己的农业企业可以让你致富，更好地把握自己的命运，同时也带动他人致富，当然一旦当了老板也会给你带来很多的困难和挑战，要学会如何规避风险，防止管理不善导致企业的失败。

　　要想成为一名成功的农业企业创办者，首先要有强烈的创业愿望和动机，要诚实、守信、有责任心，懂技术懂管理。要考虑员工和顾客的利益，学会计划自己的企业。并按照计划组织生产、销售、提供各项服务。周密的计划可以帮助你更好地审视企业，克服和避免很多困难。

　　要提醒的是，不是所有人都适合创办农业企业，也许你在其他方面的素质能力会更强，所以，创业需谨慎又谨慎。

2 模块二
了解你的农产品市场及其行情

【学习目标】

    1. 掌握市场调查和市场营销的方法。

    2. 了解农产品市场的特点。

    3. 掌握客户细分和了解竞争对手的方法。

    4. 能合理制定出市场营销方案。

【任务描述】

    在确定了自己的农业创业项目时，现在还要考虑将要创办的农业企业生产的产品或提供的服务有没有市场，市场在哪，市场有多大，未来发展如何。自己需要进行市场调查。首先要搞清楚什么是市场，如何根据创业项目细分自己的客户群体，了解自己的竞争对手，如何开展市场营销来开拓自己的农业创业市场。

【案例导入】

为了心中绽放的玉米花

    一件白衬衫，面色黝黑，常年置身于一片片玉米地中，看上去俨然一个普通农民的样子……这是旁人对甘肃五谷种业有限公司董事长李世晓的外观形象的描述。

    "中国需要一个强大的种子行业，甘肃五谷种业要立志成为农民的育种、生产和服务专家。"每每提到种子，李世晓都会坚定而自信地说。然而，在玉米育种的路上探索了 20 年的李世晓有着一番艰苦卓绝的创业历史。

    1989 年，李世晓从中国农业大学植物遗传育种专业毕业后分配到甘肃省农业科学院工作。工作期间，他在好多人眼里是一个不安分的人，经常去查资料，经常提问。有一次出差回中国农业大学，李世晓了解了戴景瑞老师选育的农大系列玉米新品种，就赶紧将其引种到甘肃，并很快在甘肃审定。从此，他走向了玉米育种这一广阔的领域。

    那时，从事玉米种子生产的单位大多数是国营县级种子公司，科研单位和其他单位的制种还比较少。随后的几年，他为中国农业大学开展玉米种子代繁业务。播种前，与农民认真签订合同；生长季，细致指导；收获季，及时兑付制种款。几年下来，他们的信誉得到了老百姓称赞。

2003 年，李世晓创立了甘肃五谷种业股份有限公司。该公司拥有自主研发、通过国家或省区审定的玉米品种 19 个，获得 30 个审定证书，分布在全国四大玉米主产区的 11 个省区。

玉米育种，寄托了李世晓的梦想，也与他的专业相结合。每年 7 月，很多人在玉米地里都感觉很苦热，而他却坚持下来。几年以后，他每年把为中国农业大学等单位代繁种子挣来的钱，又全部投入到了育种上。

"我心中最美的花就是玉米花。"李世晓说。他带领着五谷人遵循"精心谋事，细致做事，严格管事，高效务实"的理念，实现了"稳中求进—发展—跨越"三级跳，让五谷种业在陇原大地谱写出令人瞩目的科技创新篇章，开出一片片分外妖娆的玉米花！

【案例分析】

（1）看准广阔的市场需求，精心谋事，细致做事，实现了企业"稳中求进—发展—跨越"三级跳。

（2）在种植规模上进行扩大，调动村民的种植热情，为现代、高效农业的发展作出了较大的贡献，大大提升了中国民族种业科技创新能力和市场竞争力。

（3）通过辐射作用扩大了地方的影响力，形成了种植规模与市场规模的联动。

任务一　明确你的农产品市场

一、农产品市场

1. 市场的概念　市场是商品交易关系的总和，主要包括买方和卖方之间的关系，同时也包括由买卖关系引发出来的卖方与卖方之间的关系以及买方与买方之间的关系。市场具有统一性、开放性、竞争性、有序性。遵循自愿、平等、互利、友好的市场交易原则。

2. 农产品市场　农产品市场是以农产品为交易对象及与农业生产有关的生产资料的市场。农产品市场体系，是流通领域内农产品经营、交易、管理、服务等组织系统与结构形式的总和，是沟通农产品生产与消费的桥梁与纽带，是现代农业发展的重要支撑体系之一。

二、农产品的特点

1. 消费时限性　农产品是具有生命力的碳水化合物，易于腐败，不易保存，具有一定的消费时限性，一旦采摘销售不及时就会腐败变质，失去原来的使用价值。由于受到保质期的限制，出售产品压力增加，精明的消费者急于出售的心理压力，最大幅度压低价格。

2. 难标准化 农产品的生产依赖于自然光照、土壤条件、养分，它的制成品从客观上相对工业品难于标准化，有大小、长短、轻重之分，存在成分、色泽、质地不同，标准化程度低，质量难以控制。

3. 质量隐匿性 农产品质量隐匿性指内在品质（农药残留、硝酸盐含量等）即使在购买前品尝也难以判断。使消费者不能获得有关产品质量的完全信息，如果想得到必须支付高昂的成本；另外使生产者容易产生偷懒行为，在为确保产品质量而必需的投入上大打折扣。

4. 效用滞后性 一般商品使用后效果迅速明显，而农产品的食用后的营养或保健效果往往需要很长时间，一般认为食用被有毒物质或致癌物质污染的食品会产生慢性致病的效果，这种致病效果有相当的滞后期，以至于消费者不能确认是否是食品污染所致。即使是急性疾病发作，也难以确定真与食品污染有关，这种滞后性和不确定性导致消费者对安全农产品的偏好降低，影响消费行为，同时也会使生产者放松对农产品有害物和污染物的控制。

5. 价格有限性 农业生产的效应远远低于其他产业，这是由农业生产与再生产决定的，农产品属于上游产品，生产的效率低，生产周期长，农产品的价格低。

6. 测定毁灭性 为了确切了解农产品某方面的特性，需要对其进行物理化学分析，如果想获得农产品的农药残留等质量安全性质时，对农产品样品的测定是具有毁灭性的，那么就失去了它的使用价值。

三、农产品市场的特征

1. 供给的季节性和周期性 每种农作物种植后，须经过一个完整的生长周期，才能收获上市。农产品市场随之呈现出季节性和周期性。

2. 市场风险比较大 一是自然风险很大，农作物生长过程中受不可控自然环境（灾害性天气，如大风、冰雹、病虫害等）影响较大；二是贮运风险很大，农产品在贮运过程中容易发生腐烂、霉变等；三是经济风险很大，农产品的生长周期长，供给弹性小，难以对市场进行有效的调节。

3. 交易的农产品具有生产资料和生活资料的双重性质 如玉米既可食用，又可用作工业原料（提取维生素、玉米油等）。

4. 现代化市场与传统小型分散市场并存 由于我国城乡经济发展水平不同，市场的发育程度也存在差异，经济发达的大中城市，市场体系较健全，市场规模较大，而在经济欠发达地区，市场规模小，"马路市场"还占相当比例。

5. 找准农产品市场

（1）市场定位。农产品必须具备特定市场机会，满足顾客需求。

（2）市场结构。针对农产品市场机会分析，包括进入障碍、供应商、顾客、经销商的谈判力量、替代性竞争产品的威胁，以及市场内部竞争的激烈程度。

（3）市场规模。一般而言，市场规模大者，进入障碍相对低，市场竞争激烈程度也会降低。如果进入的是一个相对成熟的市场，纵然市场规模很大，由于已经不再成长，利润空间必然很小，因此这时就不值得进入。在一个正在成长得市场，只要进入的时机正确，必然会有获利的空间。

（4）市场渗透力。农产品是不是处在市场需求大幅成长之际。

（5）市场占有率。农产品市场占有率是否在40％以上。

（6）产品的成本结构。农产品的成本结构，是否有良好的发展趋势。

6. 确保产品与市场有效对接　通过对具有不同需求的消费者群做有针对性的挑选，可以发现那些需求尚未得到满足的或不甚满足的消费者，然后再根据自己的生产能力、管理能力、销售能力去开拓和占领。一个理想的目标市场必须具备3个基本条件：一是要有足够的销售量，即一定要有尚未满足的现实需求和潜在需求，这个问题对于一般小型农户来讲问题不大，而对于规模较大的农产品生产者来讲就显得非常重要；二是经营者必须有能力满足这个市场需求；三是在这个市场中必须具有竞争的优势，即没有或很少有竞争，或者有竞争但不激烈，经营者有足够的实力击败竞争对手，这样一个市场就可以选作自己的目标市场。

确定目标市场又称为市场定位，是农户选择某一细分市场作为营销对象的决策活动。选择目标市场一般包括3个步骤。

（1）估计目标市场的需求。目标市场的需求是指在既定的市场环境中，某一类消费者购买某种产品的总额。这种市场需求数量的变化取决于消费者对某种产品的喜好程度、购买能力和经营者的营销努力程度。如果某种产品确实为消费者所喜爱，并且消费者的购买能力不断提高，经营者的营销策略正确，就有可能增加需求数量。估计目标市场需求时既要估计现实的购买数量，也要对潜在增长的购买数量进行估计，从而，测算出最大市场需求量。农户要根据所掌握的最大市场需求量来决定是否选择这个市场作为目标市场。

（2）要认真分析自己的竞争优势。市场竞争可能有多种情况，如品牌、质量、价格、服务方式、人际关系等诸多方面的竞争。但从总的方面来说可以分为两种基本类型：一是在同样条件下比竞争者定价低；二是提供满足消费者的特种需要的服务，从而抵销价格高的不利影响。农户在与市场同类竞争者的比较中，分析自己何处为长，何处为短，尽量扬长避短，或者以长补短，从而超越竞争者占领目标市场。

（3）选择市场定位的战略。这是指农户在生产经营活动中要根据各目标市场的情况，结合自己的条件确定竞争原则，通常可分为3种。

第一种是"针锋相对式"的定位，即把经营产品定在与竞争者相似的位置上，同竞争者争夺同一细分市场。例如，有些农户在市场上看别人经营什么，自己也选择经营什么，实行这种定位战略要求经营者具备资源、产品成本、质量等方面的优势，否则，在竞争上可能失败。

第二种是"填空补缺式"的定位，即农户不去模仿别人的经营方向，而是寻找新的、尚未被别人占领，但又为消费者所重视的经营项目，采取填补市场空位的战略。例如有的农户发现在肉鸡销售中大企业占有优势，自己就选择经营饲养"农家鸡"，并采取活鸡现场屠宰销售的方式，填补大企业不能经营的这一"空白"。

第三种是"另辟蹊径式"的定位，即经营者在意识到自己无力与同行业有实力的竞争者抗衡时，可根据自己的条件选择相对优势来竞争。例如，有的经营蔬菜的农户既缺乏进入超级市场的批量和资金，又缺乏运输能力，就利用区域集市，或者与企事业伙食单位联系，甚至走街串巷，避开大市场的竞争，将蔬菜销售给不能经常到市场购买的消费者。

（4）选择农产品目标市场须走出"合成谬误"误区。选择目标市场的目的是为了使产品有销路。问题是：并非凡有销路的市场都一定能成为企业理想的目标市场，如果出现多数谬误，农户就不可能实现预期的营销目标，还可能导致挫折和失败。多数谬误是指过多的农户都把同一个细分市场作为自己的目标市场，从而造成某一种产品的供给远远超过市场需求。在这种情况下，这些农户共同经营同一种产品，实际上就是共同争夺同一产品有限的消费者群。结果造成社会劳动和资源的浪费，也不能满足本来有条件满足的其他市场需求，大大提高了农户的机会成本，影响农户的经济效益，甚至造成农户的营销失败。在现实的经济生活中，多数谬误屡屡发生。

任务二　了解农产品市场行情的途径

一、市场调查

市场调查是通过一定的科学方法对市场的了解和把握，在调查活动中收集、整理、分析市场信息，掌握市场发展变化的规律和趋势，为企业进行市场预测和决策提供可靠的数据和资料，从而帮助企业确立正确的发展战略。

1. 市场调查的内容

（1）市场环境的调查。主要包括经济环境、政治环境、社会文化环境、科学环境和自然地理环境等。具体的调查内容可以是市场的购买力水平、经济结构、国家的方针、政策和法律法规、风俗习惯、科学发展动态、气候等各种影响市场营销的因素。

（2）市场需求调查。主要包括消费者需求量调查、消费者收入调查、消费结构调查、消费者行为调查，包括消费者为什么购买、购买什么、购买数量、购买频率、购买时间、购买方式、购买习惯、购买偏好和购买后的评价等。

（3）市场供给调查。主要包括产品生产能力调查、产品实体调查等。具体为某一产品市场可以提供的产品数量、质量、功能、型号、品牌等，生产供应企业的情况等。

（4）市场营销因素调查。主要包括产品、价格、渠道和促销的调查。产品的调查主要有了解市场上新产品开发的情况、设计的情况、消费者使用的情况、消费者的评价、产品生命周期阶段、产品的组合情况等。产品的价格调查主要有了解消费者对价格的接受情况，对价格策略的反应等。渠道调查主要包括了解渠道的结构、中间商的情况、消费者对中间商的满意情况等。促销活动调查主要包括各种促销活动的效果，如广告实施的效果、人员推销的效果、营业推广的效果和对外宣传的市场反应等。

（5）市场竞争情况调查。主要包括对竞争企业的调查和分析，了解同类企业的产品、价格等方面的情况，他们采取了什么竞争手段和策略，做到知己知彼，通过调查帮助企业确定企业的竞争策略。

【典型案例】

太空莲种植基地的市场调研

在1994年江西省广昌县白莲科学研究所将"广昌白莲"搭载卫星上天进行诱变，后经过十几年的精心培育，反复筛选，培育出了多个新品种，太空莲36便是其中之一，它具有产量高、抗病强等特点。在武汉市的张连军一直从事农产品的经营，他发现了太空莲，多方了解，到武汉十余家莲子生产基地进行调研分析，最后写出了一份市场调研报告。

产品	顾客或销售地	顾客的需求和喜好	竞争对手分析
太空莲子	农产品市场	喜欢个大、饱满、口味好的莲子，包装结实，可以提供配送服务	属于开发的初始阶段，规模不大

（续）

产品	顾客或销售地	顾客的需求和喜好	竞争对手分析
太空莲子	超市	个大饱满，包装规格多，精美，供货及时，有促销	满足不了顾客的需求，质量一般
太空莲子	旅游休闲度假村	现场采摘，新鲜饱满，能及时地做包装处理便于携带，富有趣味性	大部分不能满足需求，有的可以采摘，但是服务跟不上

2. 常见方法

（1）观察法。它是社会调查和市场调查研究的最基本的方法。它是由调查人员根据调查研究的对象，利用眼睛、耳朵等感官以直接观察的方式对其进行考察并搜集资料。

（2）实验法。由调查人员跟进调查的要求，用实验的方式，对调查的对象控制在特定的环境条件下，对其进行观察以获得相应的信息。控制对象可以是产品的价格、品质、包装等，在可控制的条件下观察市场现象，揭示在自然条件下不易发生的市场规律。

（3）访问法。可以分为结构式访问、无结构式访问和集体访问。

结构式访问是事先设计好的、有一定结构的访问问卷的访问。调查人员要按照事先设计好的调查表或访问提纲进行访问，要以相同的提问方式和记录方式进行访问。提问的语气和态度也要尽可能地保持一致。

无结构式访问指没有统一问卷，由调查人员与被访问者自由交谈的访问。它可以根据调查的内容，进行广泛的交流。如对商品的价格进行交谈，了解被调查者对价格的看法。

集体访问是通过集体座谈的方式听取被访问者的想法，收集信息资料。可以分为专家集体访问和消费者集体访问。

（4）问卷法。通过设计调查问卷，让被调查者填写调查表的方式获得所调查对象的信息。在调查中将调查的资料设计成问卷后，让接受调查对象将自己的意见或答案，填入问卷中。在一般进行的实地调查中，以问答卷采用最广；同时问卷调查法在目前网络市场调查中运用的较为普遍。

（5）互联网搜索法。通过互联网有针对性搜索所需信息的方法。

二、客户

1. 什么是客户 客户是上帝，是平等的买卖关系，是相辅相成的利益共同体，是朋友。

2. 正确看待客户　客户就是市场，客户及其需求是你的企业生产发展和繁荣之本，你的企业存在靠市场，市场存在靠客户，善待客户就等于善待你自己，拥有客户就等于拥有市场，为客户提供后续的售后服务、销售服务、温馨服务或关怀服务是企业获得更多客户的最好手段。

3. 客户的购买心理

（1）求廉型心理。这类客户对加工反应敏锐、讲究经济实惠，特别注重处理价、特价、降价等，一定要及时告诉他优惠是暂时，促使他及时抢购。

（2）求美型心理。这类客户以女性居多，注重外观、形态，对产品设计包装非常重视，购买往往由感情支配。导购时应强调产品的外观造型、勾起她的想象力，调动其情绪。

（3）理智型心理。这类客户很理性、不盲目、细心认真、干脆固执，不受促销员推销影响。这时要注意语气，客观的向顾客介绍，找到顾客需求。

（4）质量型心理。这类客户购买产品时，注重产品质量，认为便宜没好货。导购时应强调品质对比差异，找出客户需求和喜欢，突出产品个性。

（5）新奇型心理。这类以年轻人居多，对新事物感兴趣、追潮流欲望强。导购时应强调产品不同点，让其感觉产品的利益所在，燃起其猎奇之欲。

（6）感情型心理。这类客户容易受别人影响，导购时应注意亲和力、注重态度、建立信任，多提供详细资料和数据，还可拿别人购买的产品来比较。

（7）便利型心理。这类客户要求购买方便为主要动机，希望快速而讨厌繁琐，对这种顾客应提供更好的、更快的服务。

（8）谨慎型心理。这类客户比较谨慎、挑剔，这时要沉稳、耐心细致向其介绍，提供详细的产品功能、信息、数据及售后服务。

4. 顾客的购买心理流程及 5S 原则

（1）购买流程。注意→兴趣→联想→产生欲望→比较→确定→决定→评估。

（2）5S 原则。即以下 5 方面的原则。

① 微笑（smile）。可体现感谢的心与心灵上的宽容，笑容可表现开朗、健康和体贴。

② 迅速（speed）。以迅速的动作表现活力，不让顾客等待是服务的重要衡量标准。

③ 诚恳（sincerity）。以真诚的态度工作是导购代表的重要基本心态和为人处世的基本原则。

④ 灵巧（smart）。以灵巧、敏捷、优雅的身体语言来获得客户的信赖。

⑤ 研究（study）。要时刻学习和熟练掌握商品知识，研究客户心理以及接待与应对的技巧。

5. 寻找自己的潜在客户

（1）寻找自己的潜在客户。有以下一些途径：从自己认识的人中发掘，借助专业人士的帮助，企业提供的名单，展开商业联系，结识相关的销售人员，从产品客户中寻找潜在客户，阅读报纸，了解产品服务及技术人员，直接拜访，连锁介绍法，接收前任销售人员的客户资料，销售信函，电话，展示会，扩大人际关系，结识自己周围的陌生人，以及其他更广阔的范围。

（2）接近潜在客户方法。主要有介绍接近法，服务接近法，利益接近法，问题接近法，好奇接近法，演示接近法，引见接近法，调查接近法，求教接近法，聊天接近法，馈赠接近法。

6. 细分自己的客户群体

（1）客户细分理论原理。客户需求的异质性，企业有限的资料和有效的市场竞争。

（2）客户细分内容。确定应该收集的数据，以及收集这些数据的方法；将通常保存在信息系统中的数据整合在一起；分析数据，将分析结果作为对客户细分的基础；实施强有力网络基础设施，以汇聚、保存、处理和分析数据分析结果。

（3）客户细分方法。根据人口特征和购买历史细分，根据客户对企业的价值细分。

（4）客户细分方式。外在属性：如客户的地域分布，客户的产品拥有，客户的组织归属——企业用户、个人用户等。内在属性：如客户的性别、年龄、信仰、爱好、收入、家庭成员数、信用度、性格、价值取向等。衡量客户价值和客户创造能力的重要手段和工具是最近消费、消费频率、消费额。

（5）优化组合细分的客户组群的策略。将高价值客户作为目标客户发展；为防止核心客户被竞争对手掠走，而采取防御策略；用最少量的资源维持一般价值客户现有关系；放弃较小或无利可图的低价值客户。

7. 收集应用客户信息

（1）客户信息的收集方法。主要有两种：一是直接法，企业通过自身的努力，来获取客户的相关信息。通过发行会员卡来了解客户信息，通过企业的销售系统、销售记录或管理系统等来了解客户信息，通过设立专门的客户服务机构。二是间接法，委托其他机构如市场调查公司、咨询公司等，通过发放问卷、实地调查等方式进行市场调研，来收集顾客信息；通过查阅公开的资料如报纸杂志等来了解顾客信息。

（2）客户信息的处理。信息的前期处理：是对客户信息进行筛选、**提炼**，建立客户信息库；客户信息需要维护：为确保客户信息的长期有效，对**客户信息**进行深入地研究和全面地分析，进行持续地维护；信息反馈：**客户信息被企**业使用后，效果如何？需要反馈。这些反馈信息又将回到起点，经过**不断地修**正、调整，为企业所用。

三、对手

1. 企业竞争对手　企业竞争对手就是在市场上与企业提供相同或相类似的产品和服务，且在配置和使用市场资源的过程中与企业有竞争性的企业个人。竞争的手段是直接的——争夺式；间接的——赶超式。

2. 自己的竞争对手　一个行业中会存在千千万万的竞争参与者，你需要瞄准主要的竞争对手，而不是所有竞争对手。错误判断了竞争对手，就会直接影响决策的方向和目标，最终影响企业竞争行为的成败。

（1）竞争对手的分类。主要有长期固定竞争对手，局部竞争对手，暂时性竞争对手，主要竞争对手，次要竞争对手等。

（2）主要竞争对手的锁定。提供相同或类似的产品和服务；具有共同的或者基本重合的可能市场范围；具有基本相同的用户定位，即用户可以完全或部分互换；在具体特定的时间内共同争夺具有排他性或强烈的竞争性的资源；市场份额接近，或近期有潜力接近和超过本企业；技术实力相近，创新能力强，产品性能或服务质量与本企业相近；企业规模与本企业相近；对本企业的市场份额构成现实的和未来的挑战和威胁；可能使本企业有稀缺资源的激烈争夺；规模、市场份额都与本企业相差甚远但近期有可能通过技术创新、产品改进、改进管理、重组改制、降低成本、改变销售策略等手段使企业市场地位发生改变。

（3）企业都将面临的竞争者。需求竞争者：用不同大类产品去满足顾客不同需要的企业，相互之间成为需求竞争者；平行竞争者：用同一大类但不同品种的产品满足顾客基本相同的需要的企业，相互之间为平行竞争者；产品形式竞争者：用同一品种但不同规格、型号、档次的产品去满足顾客基本相同的需要的企业，相互之间成为产品形式竞争者；品牌竞争者：用同一品种的规格、型号、档次大体相同的产品去满足顾客基本相同的需要的企业，相互之间成为品牌（企业）竞争者。

（4）真正的竞争对手是你自己。竞争对手之间最终比的是：你的自我约束力，实现梦想的步骤，克服你的浮躁心，减少好高骛远的幻想。

（5）如何辨识自己的竞争对手。在同业竞争中有许多的竞争者参与**竞争**，然而对于一个资源有限的企业来说，不可能把同行业中所有的竞争参与者作为自己的竞争对手，只有那些有能力与你的企业相抗衡的竞争者才是你的竞争对手。

3. 怎样获得竞争对手的信息

（1）合法收集获取情报。关注竞争对手的新品发布及降价促销活动的新闻、广告，定期浏览相关网站，经常参加行业聊天室、论坛、博客圈，注意跟踪竞争对手的招聘广告，竞争对手的广告信息，查找专利数据库，从其他网上媒体获取竞争者信息，搜索引擎，监控对手投放的软性文章及硬性广告，接触对手的渠道商、客户，在展览会上研究竞争对手。

（2）收集信息。

① 竞争对手的资质信息。产品的生产厂商名称，地址，联系电话，电子邮箱，网址，企业性质，工商注册项，财务状况，运营特色概括，人力资源特点，员工忠诚度，流动性评价，商誉评价。

② 竞争对手的人力资源信息。企业人员构成，法人代表，经营决策层构成，企业决策程序，主要决策者的做事风格和特殊偏好，企业机构和职能部门设置，人员规模和专业分布，关联企业状况，重要合作伙伴，上下游企业，顾问机构等。

③ 竞争对手的产品信息。产品的名称，产品的型号，产品的功能描述，产品的性能指标，产品执行的标准和认证，各档次产品的市场销售价格。

④ 竞争对手的营销信息。渠道价格体系，营销体制和渠道构成，市场份额和区域，行业分布构成，商务模式和盈利点描述。

⑤ 竞争对手的核心技术信息。科研创新体制，拥有的核心技术，产品中应用的技术所处的技术阶段，可能的新技术储备，拥有的特殊资源，专利技术，技术和管理精英，特许和认证。

四、购销渠道

如今，绝大多数农产品购销体制已经放开，农产品总量供大于求，许多地区出现农产品销售难的问题，对农产品销售渠道进行分析研究，找出适当的办法提高销售渠道的销售能力，对于解决各销售主体的燃眉之急、增加收入、促进农业产业化发展都有极其重要的现实意义。各类农产品销售渠道的优点、存在问题及完善办法也大不相同。

1. 专业市场销售　专业市场销售即通过建立影响力大、辐射能力强的农产品专业批发市场来集中销售农产品。专业市场销售以其具有的诸多优势越来越受到各地的重视。

（1）优点。销售集中、销量大；对信息反应快，为及时、集中分析、处理市场信息，做出正确决策提供了条件；能够在一定程度上实现快速、集中运输，妥善储藏，加工及保鲜。

（2）存在问题。市场管理矛盾突出、市场体系不健全；信息传递途径落后、对市场信息分析处理能力差；市场配套服务设施不健全，不能有效实现市场功能延伸。

（3）改善措施。注重对市场经营者的资格审定，培养合格的农产品经纪人；建立统一高效的市场管理体系，分清政府、管理者和经营者的职权和关系；健全信息体系；在农产品批发市场建设过程中，注重市场功能的完善和多种服务设施的配套。

2. 销售公司销售　销售公司销售即通过区域性农产品销售公司，先从农户手中收购产品，然后外销。农户和公司之间的关系可以由契约界定，也可以是单纯的买卖关系。这种销售方式在一定程度上解决了"小农户"与"大市场"之间的矛盾。

（1）优点。有效缓解"小农户"与"大市场"之间的矛盾；销售公司具有集中农产品的能力。

（2）存在的问题。风险高；存在行政干预行为；销售公司和农户之间缺乏有效的法律规范。

（3）改善措施。索新的组织模式。如试行"公司＋合作社＋农户"或"公司＋大户＋农户"等模式，寻找有效规避风险的途径；转变政府职能；加快法制建设，完善农村经济法规。同时应加强对参与主体特别是农户的法制教育。

3. 合作社销售　合作社销售即通过综合性或区域性的社区合作组织，如流通联合体、贩运合作社、专业协会等合作社销售农产品。购销合作组织为农民销售农产品一般不采取买断再销售的方式，而是主要采取委托销售的方式。所需费用通过提取佣金和手续费解决。购销合作社和农民之间是利益均沾和风险共担的关系。

（1）优点。既有利于解决"小农户"和"大市场"之间的矛盾，又有利于减小风险；购销组织也能够把分散的农产品集中起来，为农产品的再加工、实现增殖提供可能，为产业化发展打下基础。

（2）存在的问题。合作社普遍缺乏作为市场主体的有效法律身份，不利于解决销售过程中出现得法律纠纷；农民参加合作社的自愿、自主意识不强；合作社缺乏资金，很难有效开拓市场；合作社缺乏动力、决策风险较高。

（3）改善措施。完善农村经济法规，确立合作社的明确身份；引导农民自愿加入合作社；政府应对有发展潜力的在资金和人力方面给合作社以支持和帮助，同时合作社自身也应该注意资金的积累；引入竞争机制，成立多个合作社，促使合作社之间竞争，更好开展工作。

4. 销售大户的销售渠道　在改革开放的大潮中，农村涌现了许多靠贩运和销售农产品发家致富的能人，他们把农产品收购集中，然后源源不断销往各地；还有联系外地客商前来农产品生产地直接收购的。

（1）优点。适应性强、稳定性好。

（2）存在的问题。信息不畅、风险较高，"大户"对市场经济知识缺乏较深了解，销售能力有限。

（3）改善措施。政府完善信息体系，对大户进行必要的信息指导；引导大户进行商业投保；采取聘请专家指导，举办培训班，定期召开经验交流会等办法提高销售大户的销售能力。

5. 农户直接销售　农户直接销售即农产品生产农户通过自家人力、物力把农产品销往周边地区。这种方式作为其他销售方式的有效补充。

（1）优点。销售灵活，农民获得的利益大。

（2）存在的问题。销量小，销量不稳定，农民法律意识、卫生意识较差，容易受到城市社区排斥。

（3）改善措施。设立农产品直销点，加强对农户的教育，帮助他们树立法律意识、环保意识、市场意识。

6. 网络销售和促销　网络销售即通过计算机互连网络进行销售。这种销售方式作为一种新兴的销售方式，在一些发达地区得以应用，取得了一定的效果。随着互联网络的普及，可以预见这种销售渠道会显得愈发重要。

（1）优点。宣传范围广，信息传递量大、信息交互性强，节约交易费用。

（2）存在的问题。网络基础薄弱，网络知识普及率低，我国电子商务和网络销售缺乏完善的法律、法规来约束和规范网上交易行为，同时在很多县区缺乏有良好信誉的销售主体。

（3）改善措施。政府在政策、资金及人力上对网络发展给予支持，加大信息化宣传力度，积极普及网络知识，政府在政策上给网络销售主体以支持，帮助其树立知名度，解决货物发送等问题。

五、发展前景

打造农产品品牌，深入推进无公害农产品、绿色食品、有机农产品和农产品地理标志建设是未来农产品发展的方向，是传统农业向现代农业转变的重要标志。

1. 农产品加工领域具备很好的发展前景 就目前我国农产品市场特点来看，发展农产品加工具有以下几方面意义：一是粮油加工领域的优质稻谷精加工及稻壳、米糠综合利用；小麦分层碾磨技术；高油玉米、优质蛋白玉米等新品种的培育与开发；玉米淀粉的深度开发利用等都有巨大的市场机会。二是肉类加工业大型企业的肉制品生产设备要向连续化、自动化、大批量操作及近似无菌加工的技术方向发展。冷却肉的生产供应、低温肉制品和生物发酵制品的研发和生产与分销技术的结合是未来的突破方向。三是奶类加工业的综合保鲜技术、强化营养产品开发、良种奶牛的繁育等成为竞争焦点。四是在果蔬加工方面，冷冻干燥技术、微波技术、超微粉碎技术、膜分离技术、自动化控制技术、生物工程技术等高新技术的研究、应用、推广及相应设备的研制工作，是提高果蔬深加工技术的水平的关键。五是水产品市场方面，此为非常重要的国际贸易领地。水产品冷链设施的技术改造；淡水鱼加工综合利用、海水中上层鱼类加工、贝类产品净化及加工等技术；生物技术在水产加工领域的应用；开发多样化和个性化的水产食品等都蕴藏着巨大的市场机会。

2. 农产品生产过程中需要注意和解决的问题

第一，必须更加注重农产品质量和品牌建设，推动实现生产量和商品量、品质和品牌协同推进。在鲜活农产品供求总体平衡、流通活跃、购销两旺的情况下，随着经济社会的发展和消费者对农产品质量要求的不断提高，产品质量差、品牌知名度低等带来的结构性滞销卖难以成为新的突出矛盾。今后会严格农业投入品管理，大力推广标准化生产，加强生产技术服务指导，优化种植品种结构，解决好鲜活产品采收及采后处理薄弱环节，改进产后质量分等分级与规格化包装，提高生产发展和产品上市质量。

第二，必须更加注重农产品市场体系建设，推动实现市场流通能力和生产提升能力协调发展。鲜活农产品大多有易腐烂、不耐存放的特点，对市场快速集散依赖性大，对产地储藏保鲜能力要求高。进一步完善鲜活农产品运输"绿色通道"政策，提高农产品流通效率。

任务三 制订市场营销计划

通过市场调研，了解并收集到顾客、竞争对手尽可能多的信息后，就可以为自己未来的企业制订一个市场营销计划了。

一、市场营销策略

市场营销策略是企业以顾客需要为出发点，根据市场调查信息过得顾客需求量以及购买力的信息、商业界的期望值，有计划地组织各种敬仰活动，通过相互协调一致的产品策略、价格策略、地点（渠道）策略和促销策略，为顾客提供满意的商品和服务而实现企业目标的过程。

二、制订市场营销计划的方法

通过组合市场营销的要素进行，即产品、价格、地点、促销。

1. 产品　顾客需要的，或是打算向其销售的商品。必须确定提供产品的细节，包括规格、质量、包装、颜色、售后服务、物流管理等。产品存在形式如下。

（1）核心产品。所推销的产品要有核心，就是顾客迫切需要，抓住顾客心理的产品。让顾客感到非要不可。

（2）实际产品。包装、特点、质量、式样、品牌名称。

（3）延伸产品。售后服务、安装到户、保证、送货、分期付款等。

必须了解顾客的需求，只有在了解需求之后，才能决定提供什么样的产品或服务。特别是农产品，比如种植业、养殖业，顾客对提供的产品需求变化更大，要留意市场变化，及时调整产品的服务或价格等。

【典型案例】

农资经营店的营销计划书

王某的农资经营店计划销售农药、化肥、种子三类产品，针对产品，她制订了如下的计划书。

项目	农药	化肥	种子
质量	国内品牌、国外品牌	国内品牌、国外品牌	货真价实，正规渠道
产品特征	对病虫害防治的效果好，分解快，对人体无害，对环境影响小	促进作物生长效果好，不同肥料针对性强，对作物和人体无害	农业部推荐的优良种子，适应性强，抗病力强，产量高
颜色	无要求	无要求	无要求
包装	保持供应商的包装	保持供应商的包装	保持供应商的包装

2. 价格　就是打算为自己的产品定多少钱。需要考虑如下因素。

（1）进货成本。

（2）顾客能接受的价格。

（3）竞争对手的价格。

（4）是否接收折扣。

提示：制订价格，需要用到成本核算，在这里需要运用你收集的同类产品信息，确定一个可能的合理价格，放到市场营销中，最后可以根据核算来修改。

【典型案例】

市场营销计划——价格分析

以有机大米为例进行市场营销前的价格分析。

产品名称 价格相关因素	有机大米
成本	6 元
顾客愿意出多少钱购买	每千克 15～20 元
竞争对手的价格策略	最低：12 元/千克 最高：18 元/千克
价格策略	16 元/千克：向团体销售 20 元/千克：向散户销售
制订价格策略的理由	产品货真价实，有基地，纯有机产品
哪些顾客购买产品可以打折	团购达到一定数量可以打折，最低不低于 85 折
打折理由	超市、农产品专卖、大商户

3. 地点　地点就是将企业设在哪里或企业的销售渠道是什么样的。对于农资、农机经营企业而言，地点需要设在顾客比较方便购买的地方，对于种植、养殖企业来说，地点应设在可利用的资源地，同时还意味着企业采用哪种分销方法来销售产品。

如果企业没设在顾客身边，就需要设法将企业产品送到方便顾客购买的地方，这就叫分销。分销的方法有直销、零售、批发。

决定把企业办在什么地方时可将确定的信息记录在如下的市场营销计划的地点表格中。

地点	
选择此地点的原因	
分销方法	
选择这些销售对象的原因	

4. 促销　促销就是用一些方式方法来吸引顾客购买你的产品或服务。促销的方法很多，比如，广告、销售促销、人员促销等。

选择促销的方式取决于你的产品，同时要把促销的成本考虑清楚，不论何种促销，要选择促销的有效性。可以发挥创意，发挥能动性。

以农资经营为例，可建立促销方案如下。

促销类型	具体内容	成本
屋顶上立广告牌	广告牌要醒目，突出重点，比如"某某农资经营店"让顾客一眼可以知道经营什么	找厂家支持，通常零成本
发放宣传单	制作宣传单页或大招贴，发给周边客户	找厂家支持，通常零成本
亲自拜访周边客户	拜访农户，介绍自己产品的优越性	无
举办农技培训班	通过免费技术培训与农户建立关系，扩大知名度	通过厂家的技术员或自己，零成本
产品演示	在店内或店外不断地演示新产品以及用法和用量	购买相应的放映器材
有奖销售	在店内举办有奖销售	20 000 元/年

三、预测销售量及收入

（一）项目预期

项目预期是根据现有已知信息所预测结果的过程。通常未来的资产收益是不确定的。在创业过程中，预期销售量和收益的重要性，怎么强调都不为过。它是进行投资决策的关键，输入变量计算。不对它做出估计，什么买卖决策、投资组合一切都免谈。它不仅对投资者重要，对于企业管理者来说，也同样重要，因为企业的预期收益是影响企业成本的主要因素，关系到企业将来选择什么样的方式继续从事经营。

项目预期是制定创业计划时很重要的部分。收入来自销售，没有好的销售就不可能有利润，大多数人往往过高估计自己的销售额，因此，我们在预测销售时不要过分乐观，应保守一点，留有余地。

做项目预期绝不是一件容易的事，我们必须通过市场调查才能做出销售决定。预期销售有几种基本方法。

经验——如果我们在同类企业中工作过，甚至在竞争对手的企业工作过，应该对市场有所洞察和了解，利用这方面的知识来预期我们的销售。在研究一家现有的企业时，如果要达到与其相同的销售和利润水平，需要一段时间。

与同类企业进行对比——将我们的企业资源、技术和市场营销计划与竞争对手的进行比较。基于他们的水平来预期我们的企业销售，这可能是最常用的销售预期方法。如果在本地区没有竞争者，到其他地方看看那里的企业是怎样运作的。

实地测试——小量试销我们的产品或者服务，看看能销出多少。这种方法对制造和专业零售商很有效果，但不适合于大量库存的企业。如果使用实地测试的方法，创业的起步规模要小，甚至保持半开工状态，慢慢将企业做大。

预订单或购买意向书——可以通过分析要求我们提供产品或者服务的近期来函来预期销售量。如果我们的企业客户不多，可以采用这种方法。这种方法适用于出口商、批发商或者制造商。这些必须是书面购买意向书，不能信赖口头协议。

进行调查——调查访问那些可能成为我们客户的人，了解他们的购买习惯，做好调查不容易，我们最初打算提的问题一般应以亲戚、朋友为对象进行初测。分析一下结果，然后判断提的问题是否提供了预测销售所需的信息。我们不可能访问所有潜在顾客，所以需要做抽样调查。抽样调查的对象能够代表我们潜在的顾客群，这点很重要。

【典型案例】

预期销售收入

王强和刘丽打算开办企业。他们计划正常月份每月生产 400 件柳编织品。但在头 3 个月，考虑到企业刚开始经营，缺乏知名度，他们计划的生产量要小得多，预计的是 100 件、200 件和 300 件。由于当地柳编工艺历史悠久、手工工艺精湛，产品销往全国各地，所以王强认为，只要紧跟市场需求开发产品，是能够完成这个计划的。他们的柳编花篮每件售价 20.6 元，含增值税。下面是他们对当年销售收入的预测。

项目	3月	4月	5月	6月	7月	8月	9月	10月	11月	12月
销售数量（件）	100	200	300	400	400	400	400	400	400	400
产品单价（元/件）	20.6	20.6	20.6	20.6	20.6	20.6	20.6	20.6	20.6	20.6
含税销售收入（元）	2 060	4 120	6 180	8 240	8 240	8 240	8 240	8 240	8 240	8 240

（资料改编自：创办你的企业：创业计划手册.2009.北京：中国劳动社会保障出版社）

【案例分析】

预测销售和销售收入是准备创业计划项目预期中最重要和最困难的部分。大多数人都会过高估计自己的销售，因此，你在预测销售时不要太乐观，在开办企业的头几个月里，你的销售收入可能不会太高。

（二）销量预测

企业的利润来源于未来企业产品或服务的销售，所以在对未来将要开办的企业不仅要对你的产品市场有足够的了解，还要对产品的销售进行合理的估计。这项很重要，关系到未来企业的赢利，以及是否调整营销计划或改变策略。

自己创业不是一件容易的事情，要通过自我预测，同类企业的对比以及产品的小规模测试来进行销售量的预测。

销售预测来源于前期的市场调研、产品订单。

（三）市场需求预测

1. 市场需求包含的因素

人口：社会环境的基本特点。

购买力：代表市场容量的主要指标。

购买动机：是本质因素，是市场需求的动力。

在创办企业时你需要明白：

（1）谁是你的市场？

（2）你的市场有多大？

（3）市场未来如何？

2. 市场规模的界定

潜在市场：对该种商品具有购买愿望的消费者。

市场规模：除了购买欲望，具有购买能力的消费者。

有效市场：除了购买欲望和购买能力，并且有接触机会的消费者。

合格有效市场：有效市场中，除去各种限制不能购买该商品的，剩余的那部分消费者。

目标市场：在合格有效的市场中，企业所选择的、要服务的那部分消费者。

已渗透市场：已经购买的消费者。

【典型案例】

"创意＋农业"＝新商机

2016 年 3 月 25 日，江苏新沂农民黄建把 100 多箱五彩瓶发往泰国。这五彩瓶里装的是什么呢？其实就是普通的大米、绿豆、黄豆等农产品，然而一经组合，卖出去的价格和普通农产品就不一样了。

普通农产品各种组合后放入漂亮的玻璃瓶中就变成了俏销的工艺品。在加工车间，农民们把各种米分层按比例装入，再加入用来防腐的白油，封口包装，一个如今在年轻人中流行的五彩瓶就做好了。不仅是稻米等谷物，辣椒、胡萝卜、南瓜等蔬菜也可以切块后装入，这些瓶子色彩丰富，赏心悦目。

一把大米＋一个玻璃瓶，卖到了 30 元，价格翻了 10 倍。这些丰富多彩的装瓶造型如今成了大都市饭店、宾馆和家庭的装饰。这个创意的农产品加工厂年销售额超过 6 000 万元，出口占了 8 成，远销 20 多个国家和地区。

【案例分析】

如何让农民找到致富的新商机，不仅要就地取材，紧贴当地农村特色，还要紧盯城里人的需求，做细、做实创新文章。创意的农产品要接地气、有新意。

（资料改编自：http：//mp. weixin. qq. com）

【模块小结】

通过营销的调研、市场的分析，确定最终客户是关键点。要定位顾客，就要了解顾客的购买力、需求，按照营销计划有步骤地进行销售。你的产品可能同其他企业的产品展开激烈的竞争，你的优势在哪，你从他们那里获得了哪些信息。通过调研收集对企业营销有利的信息，围绕产品、价格、地点、促销等几方面制订计划只有实现最终的销售，才能带来利润，没有强有力的销售，企业很难开展下去，同时建立一定的客户群体，这是企业生存的要素。实现最终销售，必须考虑以下几点。

（1）消费时限性。农产品是具有生命力的碳水化合物，易于腐败，不易保存，具有一定的消费时限性，一旦采摘销售不及时就会腐败变质，失去原来的使用价值。由于受到保质期的限制，出售产品压力增加，精明的消费者急于出售的心理压力，最大幅度压低价格。

（2）难标准化。农产品的生产依赖于自然光照、土壤条件、养分，它的制成品从客观上相对工业品难于标准化，有大小、长短、轻重之分，存在成分、色泽、质地等的不同，标准化程度低，质量难以控制。

（3）质量隐匿性。农产品隐匿性指内在品质（农药残留、硝酸盐含量等）即使在购买前品尝也难以判断。使消费者不能获得有关产品质量的完全信息，如果想获得必须支付高昂的成本；另外使生产者容易产生偷懒行为，在为确保产品质量而必须的投入上大打折扣。

（4）效用滞后性。一般商品使用后效果迅速明显，而农产品食用后的营养或保健效果往往需要很长时间，一般认为食用被有毒物质或致癌物质污染的食品会产生慢性致病的效果，这种致病效果有相当的滞后期，以至于消费者不能确认是否是食品污染所致。即使是急性疾病发作，也难以确定是否与食品污染有关，这种滞后性和不确定性导致消费者对安全农产品的偏好降低，影响消费行为，同时也会使生产者放松对农产品有害物和污染物的控制。

（5）价格有限性。农业生产的效应远远低于其他产业，这是由农业生产与再生产决定的，农产品属于上游产品，生产的效率低，生产周期长，农产品的价格低。

（6）测定毁灭性。为了确切了解农产品某方面的特性，需要对其进行物理化学分析，如果想获得农产品的农药残留等质量安全性质时，对农产品样品的测定是具有毁灭性的，那么就失去了它的使用价值。

（7）供给的季节性和周期性。每种农作物种植后，须经过一个完整的生长周期，才能收获上市。农产品市场随之呈现出季节性和周期性。

（8）市场风险比较大。一是自然风险很大。农作物生长过程中受不可控自然环境（灾害性天气——大风、冰雹、病虫害等）影响较大。二是贮运风险很大。农产品在贮运过程中容易发生腐烂、霉变等。三是经济风险很大。农产品的生长周期长，供给弹性小，难以对市场进行有效地调节。

3 模块三

筹集你的农业创业资金

【学习目标】

    1. 懂得区分创办企业所需固定资产和流动资金。

    2. 估算创办企业所需的资金量。

    3. 能合理筹集创办企业的资金。

    4. 正确利用国家惠农政策。

【任务描述】

    创办农产品企业时需要一定的启动资金。而这些资金是要通过各种渠道筹划得来的，它不仅仅是自有的资金，亲戚朋友的借款或集资，以及与别人合伙经营，有时还要借助于银行的贷款。启动资金越充足越好。因为经营启动后可能会遇到资金周转困难的情况。如果准备资金不到位，就可能因一笔微不足道的资金，导致所创办的事业受阻。因此，要充分考虑创业资金的筹措，适时、适量、适度地储备和使用，做好资金使用的统筹安排，力求把风险降到最低程度。

【案例导入】

王继成通过贷款完成了他的创业梦

    王继成毕业于衡水学院，专业是电子商务，是普通大学生村官中的一员。为了带动村民致富，他四处考察学习、认真求教，并结合当地实际情况，确定了种植食用菌。开始时资金短缺，家人朋友都不支持，为了实现自己和大家的创业梦，王继成东凑西借，并积极向相关部门寻求资金支持。经过努力，在县委组织部和镇政府的协调下，王继成贷款 10 万元建起了 10 亩食用菌园区。翌年食用菌项目盈利 3 万元。"许多人觉得一个不会种地的大学生，一下子就能挣这么多钱。"接着该村搞起来食用菌园区，全村投资将近 100 万元，总产值达到 150 万元。为了让更多的农民致富，他和当地一家蔬菜种植公司商定和大家一起凑钱，承包蔬菜大棚。共筹集了 24.6 万元，承包了 28 个大棚，每人每年能分红将近 1 万元。王继成现在承包了 8 个食用菌大棚，把自己积蓄的 30 万元全部投了进去，本钱基本上收回来了，估计还能挣十几万元。

（资料改编自：http：//chuangye．yjbys．com/gushi/anli/548297．html）

【案例分析】

（1）10 亩食用菌园区、菌种为购买的固定资产。

（2）建立食用菌园区所进行的一系列相关活动为开办费。

王继成首先确定种植食用菌，资金是东凑西借的，是在相关部门的支持和协调下筹集到的，通过贷款完成他的创业梦。后期又和大家一起集资、融资，带领村民共同致富。

任务一 你需要在哪些方面进行投资

投资指的是特定经济主体为了在未来可预见的时期内获得收益或是资金增值，在一定时期内向一定领域投放足够数额的资金或实物的货币等价物的经济行为。简单地讲，指投资者当期投入一定数额的资金而期望在未来获得回报，所得回报应该能补偿：

（1）投资资金被占用的时间。

（2）预期的通货膨胀率。

（3）未来收益的不确定性。

企业的投资活动明显地分为如下两类。

（1）为对内扩大再生产奠定基础，即购建固定资产、无形资产和其他长期资产支付的现金；

（2）对外扩张，即对外股权、债权支付的现金。

农业企业创业的投资是指你为企业购买价值较高、实用寿命长的资产及开办费。它包括固定资产和开办费。

一、规模种植业的资金需求

【典型案例】

冯汝贵的蔬菜种植致富经

冯汝贵是江苏竹泓镇的一名村民，主要从事蔬菜种植，他一路积极示范推广新品种、新技术，在本地蔬菜产业中发挥了较强的示范带动作用。他有两条成功经验值得从事设施蔬菜生产的农民借鉴。（1）采取品种多样化种植模式。由单一品种发展成以某品种为主、兼顾其他品种的中等规模的无公害蔬菜生产基地。（2）扩大种植规模。先后投入 30 多万元，新建蔬菜钢架大棚 16 个，发展应时蔬菜生产；建成了 1 个可存栏 100 头的养猪场并配套 1 个 100 米³ 的沼气池，建立起"猪—沼—菜"生态循环农业生产模式，预计蔬菜年创纯收

45 000 元/公顷，生猪出栏 250 头/年。

（资料改编自：http://wenku.baidu.com/view/fdfca8b269dc5022aaea000d.html）

【案例分析】

（1）品种上采取多元化的种植模式，可以综合地利用市场和农业设施等资源，降低单位成本。

（2）在种植规模上进行扩大，调动村民的种植热情，为竹泓镇现代、高效农业的发展作出了较大的贡献，在本地蔬菜产业中发挥了较强的示范带动作用。

1. 规模种植业项目创业资金的用途　规模种植业项目关键在于打破传统种植业田埂的束缚，集中小块土地形成规模化经营。因此在选择项目时就要考虑市场调研、项目论证、土地流转等费用，其他的如种子、化肥、农药、农机具、人工等都需要资金。

2. 种植业项目资金新需求　主要表现在以下几个方面。

（1）融资额度扩大化。随着农业生产的规模化经营，种植业农业经营主体的资金缺口不断放大，融资额度大幅增加。据调查，大部分种植业现代农业经营主体的贷款额度需求都在上百万元，多者上千万元。

（2）融资期限多元化。相比普通农户主要以短期融资为主，种植业现代农业经营主体对融资期限的需求更加多元化，既有季节性较强的短期融资需求，也有较大规模的中长期融资需要。在被调查的辖区，种植业现代农业经营主体的短期融资主要用于购买种子、化肥、农药、柴油等生产资料支出和春种、田间管理、秋收等雇佣农业机械和雇工的佣金支出，期限一般在 1 年以内，具有明显的季节性特征。长期融资主要用于土地流转、耕地整理、购置大型农机具等中长期投资，期限在 1～3 年，甚至更长。

（3）融资用途多样化。种植业现代农业经营主体等更多的农业经营组织已进入加快改造传统农业，挺进特色农业的发展期，致使农业产业链条上的生产、加工、储藏、流通等诸多环节都需要信贷支持，信贷资金的用途发生了根本转变。

（4）保险需求强烈化。由于种植业现代农业经营主体属于规模化经营，投资较大，相应地，在经营中面临的病虫害、气象灾害、病疫、市场波动等不可控风险也更大，遭受的损失可能会不可估量，因此对农业保险分散化解风险的渴求也更为强烈。

3. 确保种植业经营主体的融资新需求

一是创新融资方式，放宽种植业现代农业经营主体贷款额度和期限。按

2014年中央1号文件要求，允许土地经营权向金融机构抵押融资。从事种植业的大户、家庭农场、农民专业合作社等主体都具有一定规模的土地经营权，主要财产也在土地经营权上。因此，在明晰土地经营权、保护土地财产权利的基础上，针对种植业现代农业经营主体推广流转土地经营权抵押信贷机制，在畅通农民融资渠道的前提下，可达到扩大贷款额度的目的。相应地，根据目前土地承包经营权剩余期限还有十几年的时间，还可以合理延长贷款期限。

二是实行多种贷款保证，满足种植业现代农业经营主体的多种融资需求。不同的种植业现代农业经营主体，有不同的资金需求，他们也希望金融机构推出不同的贷款保证形式。因此，我们要在现代农业经营体中健全担保体系，进一步扩大专业担保公司对现代农业经营主体的担保范围，满足其差异性融资需要。盘活扩展抵（质）押物，推广以集体林权、大型农机具以及各类粮食补贴等农村各类权益类资产为抵（质）押物的信贷产品，使他们的各类资产得以充分运用。推广农业供应链融资模式，开展与订单、保单相结合的金融产品业务，开发农产品"订单＋保险＋期货"的特色融资模式。通过实行以上不同的贷款保证形式达到拓宽贷款用途的目的。

三是构建政策性和商业性相结合的农业保险体系，扩大针对种植业现代农业经营主体的保险范围。政府应通过税收减免、财政贴补等措施，鼓励商业性保险公司扩大农业保险覆盖面，使政府的惠农政策通过保险的形式惠及种植业现代农业经营主体。创新农业保险险种，加大农业保险理赔力度，适当扩展理赔范围。大力发展政策性农业保险业务，政策性保险补贴不但要适用于政策性保险公司，也要覆盖商业性保险机构，提高商业性保险公司对农业保险的积极性。

二、规模养殖的资金需求

规模养殖业项目创业资金的用途包括：市场调研、项目论证、土地费用、养殖场地建设（包括土建、设备购置等）、购进畜禽、饲料、药品、农机，支付水电费、人员工资等。

三、设施农业的资金需求

设施园艺业项目创业资金的用途包括：市场调研、项目论证、土地费用、结构材料（钢管、混凝土、竹木等）、附属材料（遮阳网、塑料薄膜、门、施肥池、水管、水泵、电缆线等）、种苗、农药、水电费、人工费用等。

四、休闲观光农业的资金需求

休闲观光农业项目创业资金的用途包括：市场调研、项目论证、土地费用、观光场地建设费用、停车场建设费用、餐饮娱乐设施建设费用、其他辅助设施费用（水、电、垃圾桶、指示牌等）、人员工资等。休闲观光农业很多具有季节性，因此在旺季需要投入大量的资金，而且休闲农庄在经营的过程中难免会遇到经营问题，会导致资金不畅，这时也需要通过资金的筹集来渡过难关。

现代化的农业观光需要更多吸引消费者眼球的亮点，要不可复制性地拴住消费者的心，也需要相当数额的资金投入，因此，遵循市场规律，多渠道的筹集资金是现代休闲观光农业开展的前提。

五、农产品加工业的资金需求

农产品加工业项目创业资金的用途包括：市场调研、项目论证、土地费用、厂房建设（包括土建、设备购置等）、原材料采购费用、车辆购置费、水电费、人员工资等。除此之外，还要掌握先进的技术，这需要进行多年的培训或者聘请专业人士指导，技术的资金支持也不容忽视。比如开个干果加工厂，需要考虑厂房租赁、加工设备、打包机等，多功能自动打包机就是用来加工瓜籽、葡萄干、核桃之类的，售价在 8 万元左右，再加上各种物流费用、人员费、水电费，综合起来，需要 15 万～20 万元。

六、农业社会化服务业的资金需求

农业服务业与一般服务业的区别在于它服务的对象是农业和农业生产者，向农业生产者提供信息和技术服务，政策咨询服务，金融服务，加工服务，产品营销，以及农资、农机、供销、气象、排灌、植保、收割、防病治病等专业服务。

任务二　估算你所需的创业资金

估算企业的创业资金需要进行详细的列表和分析。它包括如下内容。
（1）列出企业启动时需支付的所有费用并分类。
（2）将分类支出填入投资、流动资金统计表中。
（3）分别计算投资、流动资金需求量，并计算出启动资金需求量。

【典型案例】

王婷的农资经营创业资金单

王婷想开一家农资经营店，她利用自己从潜在顾客那里收集到的信息，同时还利用自己原来在农资企业工作的经验，以及对周边几家农资企业的了解，她的企业需要花 2 个月的时间才能达到收支平衡，同时也知道顾客发现一家新的商店需要时间，她的启动资金必须能支付所有支出。于是列出如下清单。

	项目	费用（元）
投资	货架	5 000
	柜台	5 000
	电脑	4 000
	沙发	2 000
	老板桌、椅	4 000
流动资金	农药	100 000（初期铺货）
	化肥	200 000（初期铺货）
	种子	150 000（初期铺货）
	电话费	400（2 个月）
	水电费	1 000（2 个月）
	人工工资	16 000（2 个月）
	交通费	400（2 个月）
	租金	12 000（年）
	促销费用	4 000（2 个月）
	维修费	
	保险费用	1 200（年）
	其他费用	1 600（2 个月）
合计		506 600

（资料来源：http：//epaper.cnwest.com/yarb/html/2012 - 06/11/content_4734448.htm）

【案例分析】

（1）王婷结合自己的经验和对周围的调查，对自己创办企业启动资金的估算列出了清单。

（2）详细估算避免了因资金周转困难所带来的问题，做到有针对性。

任务三　现代农业创业资金的筹集途径

一、筹集资金的渠道

1. 自筹资金　对于普通农业创业者来说，由于处在起步阶段，贷款能力有限，相当一部分资金需要依赖自有资本，通常会依靠多年积蓄以及向亲朋好友，包括亲戚、朋友、同事、同学等借钱的方式。这是一种最简便可行的方式。但是，在自筹资金的过程中，创业者必须注意以下几个问题。

（1）无论亲戚朋友给予的资金有多少，原则上，经营事业必须保证自己拥有主导权，也就是说，自己应该投入最大的股权，否则的话，创业者在企业经营过程中就会由于过多地受到他人的制约而缺乏魄力。所以，创业者要想事业顺利，自己就必须拥有足够的资金，这是创业者首先必须具备的经济观念。

（2）创业者自己必须是具备"储蓄性格"的人。那些下个月的薪水还没有领到、这个月薪水就花光的人，或者是到处向人三千、两千借钱的人，都不够资格自己经营事业。现在，这种储蓄性格也是很多银行在贷款给客户的时候都要事先考察的一个项目。具备充分储蓄性格的人，自然就具备了偿还能力，这也就是所谓的信用基础，只有具备了这样的信誉，别人才会敢借钱给你。所以，每个月能够持续积蓄一部分资金的人，两三年间也就能积累一笔不少的资金了。这样，不仅自己有了比较充足的资金储备，而且也能为能够顺利地从亲戚朋友那里借到钱，打下了一个良好的信誉基础。

2. 合伙入股 创业社会化是一种趋势，由于一个人往往势单力薄，所以几个人凑在一起会更有利于创业资金的筹集。另外，合伙创业不但可以有效筹集到资金，还可以充分发挥人才的作用，而且有利于对各种资源的利用与整合。对于资金力量不够雄厚的百姓创业者来说，这种合伙经营的方式还可以有效地分解风险，如果创业不成功，由此带来的风险会由几个人共同分担，相对一个人创业来说个人的损失就要小得多。虽然合伙投资可以解决资金不足的困难，但也应当注意一些问题：

（1）要明晰投资份额。大家在确定投资合伙经营时应确定好每个人的投资份额。平分股权的方式并不一定是最好的选择，因为如果平均进行股份额度分配，必将导致各股东之间权利和义务的相等，这样反倒不利于很好的分工，明确责任，从而会使主要经营目标难以实现，为以后的矛盾埋下祸根。

（2）合伙人之间必须要加强信息沟通。很多人合作总是因为感情好，"你办事我放心"，所以就相互信任。但假如因此而不注意交流沟通，就容易产生误解和分歧，不利于合伙基础的稳定。

（3）要事先确立章程。俗话说没有规矩，不成方圆。做企业就应该亲兄弟明算账，把丑话说在前头，不能因为大家感情好，或者有血缘关系，就没有企业章程，章程是行为准则，是经营依据，没有它也就没有了依据，是合作的大忌。

3. 银行贷款 对于大部分创业者来说，银行贷款是最为传统的筹款方式。目前能够为创办中小企业提供贷款的银行主要有四大国有商业银行的中小企业信贷部，同时，光大银行、广东发展银行、中信银行等金融机构也纷纷推出了专为个人创业者打造的贷款品种,这些举措都将使个人创业者的资金筹集问题变得越来越简单。所以,对普通创业者来说,根据自身情况科学地选择适合自己的贷款品种,创业将会变得更加轻松。

(1)巧选银行,贷款也要货比三家。按照金融监管部门的规定,各家银行发放商业贷款时可以在一定范围内上浮或下浮贷款利率,比如许多地方银行的贷款利率可以上浮30%。其实到银行贷款和去市场买东西一样,挑挑拣拣,货比三家才能选到物美价廉的商品。相对来说,国有商业银行的贷款利率要低一些,但手续要求比较严格,如果你的贷款手续完备,为了节省筹资成本,可以采用个人"询价招标"的方式,对各银行的贷款利率以及其他额外收费情况进行比较,从中选择一家成本低的银行办理抵押、质押或担保贷款。

(2)合理挪用,住房贷款也能创业。如果你有购房意向并且手中有一笔足够的购房款,这时你可以将这笔购房款"挪用"于创业,然后向银行申请办理住房按揭贷款。住房贷款是商业贷款中利率最低的品种,如现行5年以内首套住房商业贷款年利率为4.75%(各银行有少许浮动),而普通3~5年商业贷款的年利率为5.58%,办理住房贷款曲线用于创业成本更低。如果创业者已经购买有住房,也可以用现房做抵押办理普通商业贷款,这种贷款不限用途,可以当作创业启动资金。

(3)精打细算,合理选择贷款期限。银行贷款一般分为短期贷款和中长期贷款,贷款期限越长利率越高,如果创业者资金使用需求的时间不是太长,应尽量选择短期贷款,比如原打算办理两年期贷款可以一年一贷,这样可以节省利息支出。另外,创业融资也要关注利率的走势情况,如果利率趋势走高,应抢在加息之前办理贷款;如果利率走势趋降,在资金需求不急的情况下则应暂缓办理贷款,等降息后再适时办理。

(4)用好政策,享受银行和政府的低息待遇。创业贷款是近年来银行推出的一项新业务,凡是具有一定生产经营能力或已经从事生产经营活动的个人,因创业或再创业需要,均可以向开办此项业务的银行申请专项创业贷款。创业贷款的期限一般为1年,最长不超过3年,按照有关规定,创业贷款的利率不得向上浮动,并且可按银行规定的同档次利率下浮20%,许多地区推出的下岗失业人员创业贷款还可以享受60%的政府贴息,有的地区对困难职工进行家政服务、卫生保健、养老服务等微利创业还实行政府全额贴息。

4. 寻求风险投资 所谓风险投资,是指对处于创建期和成长期的中小企业进行股权或债权投资,并参与企业管理,以获得较高的报酬。在我国,据一项调查结果显示,目前专门从事风险投资的金融机构已有47家,此外,还有一些大企业、大集团也在进行风险投资。风险投资已逐渐成为百姓创业者获得资金的一种方式。

第一步：拟订好经营计划书，在拟订经营计划书时，注意以下几点。

（1）尽量详细描述产品的市场规模和前景。

（2）拟订经营计划书时详尽介绍产品独特之处，以及技术上的先进性、工艺上的可行性、原材料获取的经济性，并结合产品市场前景，初步估算出产品的经济效益，做好财务预测。

（3）将经营计划书撰写得尽量完美。

第二步：寻找风险投资者。

第三步：风险投资合同的谈判。很多创业者可能生平第一次参加这样的谈判，所以，在谈判过程中要对谈判技巧和法律细节多加关注。

5. 争取政策性扶持资金 作为国民经济中重要组成部分的中小企业，由于受到资金和规模的限制，经常会在企业发展过程中遇到各种困难。所以，我国各地政府每年都会拨出一些扶持资金，支持这些企业的正常发展。

6. 自力更生 对于很多创业者来说，顺利解决创业后后续资金问题，无疑是一个至关重要的问题，解决不好，可能会导致自己辛苦创业的事业前功尽弃。虽然通过前面几点的论述我们知道，创业者获取资金的途径有很多种，但并不一定对每个创业者来说都有效。

二、筹集资金的方式

筹集资金的方式是指可供企业在筹措资金时选用的具体筹资形式。我国企业的筹资方式主要有吸收直接投资、发行股票、利用留存收益、向银行借款、利用商业信用、发行公司债券、融资租赁和杠杆收购。一般来说负债筹资成本较低，利息税前支付，但是承担的风险较大，表现为能否及时地还本付息。当利率处于高水平或处于由高向低的过渡期时，尽量减少筹资。

【模块小结】

当你打算创办一个新的农业企业时，你要计算一下所需的启动资金总额。这笔钱将用于以下两方面。

（1）投资指你为开办企业购买价值较高、使用寿命较长的资产所支出的一次性费用。

（2）流动资金指企业日常运转需要支出的资金。企业的性质不同，或经营的种类不同，所需的流动资金也不同。必须估算自己的流程，并且计算自己的企业多久能收回成本并创造效益。

模块 四

编制农业企业创业计划书

【学习目标】

1. 明确创业计划书的概念和作用;
2. 掌握农业企业创业计划书的编制原则、方法和主要内容;
3. 试着编写自己的农业企业创业计划书,并进行论证。

【任务描述】

一份创业计划汇总了一个创业者所需要的绝大部分信息,它是一把打开创业之门的钥匙,是创业计划实施之前的一次纸上练兵。一份翔实的创业计划书,可以让创业者对即将实施的创业活动有更加清晰的认识,通过创业计划书再度判断你的创业项目面对的风险和将来成功的概率,从而最终决定是否开始创业行动。

【案例导入】

魅力巴里山谷原生态中的健康饮食

刘小艳大学毕业后曾就职于三元、卡夫卡等大型企业,还曾在美国的家族企业做过几年大客户经理。为了满足自己对于健康生活和健康饮食的追求,她决定发挥自己的专业特长,并充分利用自己的行业背景,与3个好朋友在承德当地找了一条风景好、生态环境好的山谷——乔杖子村巴里谷,将山谷租下来,开始了一个新的起点。

2011年,他们创建中健生态农业(承德)有限公司,目前公司已成功注册了饮用水品牌"巴里泉",除了自有品牌"巴里泉"、战略合作品牌"汇源"外,中健生态公司还与广东水立方大健康饮用水有限公司签订了战略合作协议,运营开发"水立方"品牌中高端饮用水产品。在销售渠道方面,公司将主要走高端定制路线,销售的不仅仅是饮用水,更是一种文化。

刘小艳说:"其实这次创业有一点点不一样,它带了一点情谊在里面,因为我们是三个好朋友,我们这三人的性格和每个人的特长也不一样,这一次就想凝聚更多人的力量,将我们在这个行业里累积的经验和资源融合在一起,发挥到最大化。随着现在大众创业、万众创新的这一个国务院提倡的思想,所以可能需要走一些政策层面的东西。我们想进行产业化,而且是一个资源的整合，所以我们去做生态农业，这是一个方面。另一方面，要融合一些社会的资金，有一块牵扯到会去做一些众筹休闲度假村，做生态旅游项目。现在我们瓶装的饮用水、瓶装的小瓶水和桶装水均已开始，而这一块我们市场定位也不一样，最重要的市场是北京市。因为大家都知道北京市缺水，而且饮料行业，乃至食品行业在北京市都是一种不欢迎的状态，政府希望把这些企业都外迁，因为北京市的地下水已经严重枯竭。离北京最近的水资源丰富的地区就是承德，因为承德是北京的东北边，它是山区，是很好的一个水源地，而且承德的水本身有一些优势，它富含一些基本矿物质。"

创业初期虽然资源等各方面可能会有一些匮乏，但刘小艳觉得最困难的是，选择原生态的一个山谷里。虽然山谷清丽纯净，但真的什么都没有，需要给它平地建设出一个工厂出来。可能原来对建造工厂基本没有经验，完全不知道建一个工厂不仅仅是看到的这一个工厂，其实有很多基础的设施是原来没料到的，比如说电怎么进来，水怎么进来，水怎么出去。这些都是看不见的一些工程，这是当时刘小艳团队碰到的最大的障碍。因为在不同的企业积攒过经验，刘小艳对工厂的运营相对比较自信，一旦碰到这些基础建设的时候，刘小艳就傻眼了，这是当时遇到的蛮大的一个困难。

对于这次创业，刘小艳坦言，在 2009 年也有过一次创业，那时候想法很简单，觉得不错就开始干，过于盲目导致失败。这一次就成熟了很多，首先会有一个规划、预算的详细思考。比如说这个项目需要的东西，要先列出来，而且都要写到书面上，自己需要一个什么样的投入，而且是很详细的一个预算的计划表，每一项都尽量写进去。这样的话，写得越细，考虑得就越细，在整个项目推进的过程中，在创业的过程中面对可能会遇到的困难时，就不至于惊慌失措。

【案例分析】

创业计划要转化为现实，行动前必须经过充分的考察和准备。在创业行动开始前，制订一份能够切实可行的创业计划书是十分必要的，有时候一份好的创业计划书会让创业者更加坚定前进的信念。

任务一 为什么编制创业计划书

一、创业计划书的概念和特点

1. 概念 创业计划书是某个人、企业或项目单位对现代农业创业活动事项进行总体的安排；是按照国际管理通用的文本格式形成的项目建议书；是全面介绍现代农业企业和项目运作情况；全面阐述产品或服务市场及竞争、风险等未来发展前景和筹资等创业项目的书面材料；是包括项目筹融资、战略规划等经营活动的蓝图与指南；是企业的行动纲领和执行方案；是企业发展的核心管理工具。

2. 特点 创业计划是创业者自己在创业前需要准备的一份书面计划。由于农业创业与其他行业创业有所不同，因此，在编制农业创业计划书时应有其自身的特点。现代农业创业计划书要突出特色，把握下列要点。

（1）农业企业的组织模式不同。目前我国农业企业的组织模式主要有四大类：一是农户联合经营方式；二是委托经营方式；三是合作经营方式；四是公司经营方式。

（2）农业企业的创办流程不同。创办农业创业企业，模式多种多样，其创办流程也各有不同，所以编制其农业创业计划书也要各有特色。

（3）农业创业的风险不同。在编写农业创业计划书时要重点剖析这些创业风险，并要提出相应的防范对策。

（4）农业创业过程中的主要风险来源不同。你要根据你所要创业的项目，提出应对措施。

二、农业企业创业计划书的作用

（1）明确农业企业创业的发展方向。凡事预则立，不预则废。创业计划是创业者事业的蓝图，有了明确的创业计划，创业者才不至于乱了创业活动的节奏和进程。

（2）创业计划是吸引资金的"敲门砖"。如何使创业者选择的创业项目找到所需要的资金支持是企业后续发展的关键，投资者只有从你的创业计划中看到前景，才会提供资金支持。因此创业计划书中好的创意、好的技术、好的管理以及好的市场，是创业者吸引资金的"敲门砖"和通行证。

（3）凝聚创业团队。创业需要团队的努力，有效的创业计划对吸引新的创业团队成员起着"诱饵"的作用，将为既成的创业团队指明努力的方向，成为创业团队沟通的"工作语言"。

（4）创业计划是创业者的"指南针"。创业并不只是热情的冲动，而是理性的行为。在创业前，做一个较为完善的计划是非常有意义的。在做创业计划时，会比较客观地帮助创业者分析创业的主要影响因素，分析将会面临的风险，能够使创业者保持清醒的头脑，成为创业者的创业指南或行动大纲。

【典型案例】

磨刀不误砍柴工

内乡县绿野节水莲藕种植专业合作社理事长李国玉，是 2011 年南阳农业职业学院农民创业培训班学员。培训前以农作物种植为主，培训后转变了经营思路，培训期间利用学到的知识结合实际制定了创业计划书。

为了能把理想变为现实，专门请学院和南阳市农科院相关的种植、养殖的老师对制订的农业创业计划书进行技术、专业、市场等方面的可行性分析和反复修改完善，该合作社创设的"金颈麻鸭＋莲藕＋核桃＋泥鳅"的立体生态种养一体化的发展模式，于2011年秋开始实施，经过三年多的努力，2014年底合作社已发展成为年养鸭5 000只、莲藕种植200亩、核桃种植50亩、投入泥鳅300千克种苗的规模，其个人的年收益在50万～60万元。同时带动周边农户，取得了良好的经济效益、社会效益和环境效益。

【案例分析】

通过聘请相关专家对技术、产品、市场等综合分析后编制的计划书，避免了合作社发展的盲目性，最终保证了合作社的良性发展。

任务二　怎样写好农业企业创业计划书

一、编写农业企业创业计划书的原则

1. 完整统一原则　要全面披露与投资有关的信息。如果披露不完全，当投资失败时，风险投资人就有权收回其全部投资并起诉企业家。

2. 表述精确原则　创业计划书，使人读后对下列问题非常清楚：公司的商业机会；创立公司所需要的资源；把握这一机会的进程；风险和预期回报等。避免使用过多的专业词汇，聚焦于特定的策略、目标、计划和行动。创业计划的篇幅要适当。

3. 开门见山原则　写作创业计划书的目的是获取风险投资者的投资，要开门见山地直接地切入主题。

4. 市场调研原则　当一个创意或者新的投资项目萌发时，创意或投资项目付诸实施并不是想当然的事情。因此，写作创业计划书以前，应该进行充分的市场调研，做到有备而作。

5. 自我评估原则　在写作创业计划书的全过程中，风险创业者应该站在风险投资者的角度对自己的创业计划进行一番评估，如：能获得多少回报、可能遇到的风险、这个市场有多大、如何争取到潜在的顾客、我的投资何时和怎样撤出等。

6. 展示团队原则　在创业计划书中，风险投资者将会非常关注"人"的因素，创业计划书要能够翔实地向风险投资者展示你管理团队的风貌。

7. 智力支持原则　事实表明，仅依靠创业者的个人力量很难做到尽善尽美，因此，在写作创业计划书的过程中，需要一个有很强战斗力的智囊团帮助来弥补个人的不足。

二、农业企业创业计划书的内容

（一）农业企业创业计划书包含的内容

在创办一个农业企业之前需要收集大量的信息，进行市场调研，还要对收集的信息进行综合分析后，才能开始创业计划书的起草和写作。一份详细的创业计划书，一般包含以下五项内容：封面、摘要、目录、正文和附录。

（二）撰写现代农业创业计划书

1. 封面——朴实美观　封面设计富有艺术性，以便给阅读者形成良好的第一印象。把你产品的一副彩色图像放在首页。

版面排列以下内容：公司名称、公司性质、地址、邮编、负责人、职务、电话、传真、电子邮等。

提示：在创业计划书写作中，要避免出现错别字和语法错误，以免给人留下做事马虎、草率的印象。

2. 计划摘要——简明扼要　摘要是投资人最先阅读的部分，是对整个创业计划书精华的浓缩，旨在引起投资人的兴趣，以便读者能在最短的时间内评审计划并做出判断。

摘要通常以 1～2 页为宜，内容力求精练有力，重点阐明公司的投资亮点，尤其是自己企业与其他企业的不同之处和相对于竞争对手的抢眼之处。

3. 目录——一目了然　创业计划书的目录要起到一目了然作用。

标题、摘要、目录分别编页。

目录中显示出章节，并按先后编好页次。

引言、正文、结论、后记按顺序编页。

按章、节、条三级标题编写，要求标题层次清晰。

目录中的标题要与正文中标题一致。

目录中应包括绪论、计划书主体、结论、附录等。

目录采用三级标题的格式编写。

4. 正文——翔实有说服力　正文是整个创业计划书的核心所在，因此在编写时要尽可能地做到内容翔实。

（1）企业介绍。主要介绍农业企业的一些基本情况。

（2）创业项目与市场分析。主要介绍农业创业项目的基本情况，以及产品在整个产业或行业中的地位。在描述产品时，要分析自己的产品在哪些方面更有特色，就在有特色的方面进行重点描述，让你的购买群体知道，你的产品就是为他们服务的。

（3）竞争分析。主要介绍农业企业所在市场竞争中的位置、农业企业的竞争对手的情况、农业企业的竞争优势和竞争劣势、竞争战略等。

（4）营销策略。主要说明企业产品或服务如何进入目标市场并在市场中占有优势以及为达到这种目的采用何种营销策略与营销渠道。

（5）财务分析。对农业企业的有关筹资活动、投资活动、经营活动、分配活动的盈利能力、营运能力、偿债能力和增长能力状况等进行分析与评价。

（6）风险分析。主要介绍农业企业可能会遇到的一些风险，并对此采取一定的防范措施。

（7）创业团队。在创业计划书中，必须要对主要管理人员和组织机构加以阐明，介绍主要成员所具有的能力、职务、责任、经历及背景，企业的组织机构等。

（8）财务预算。介绍企业财务状况、例如企业的年度财务计划、中期财务计划、长期财务计划、企业预期销售额和利润，项目所需要资金的数额、来源、筹资方式。投资者的利润回报及退出方式等。

（9）风险与风险管理。包括农业企业存在风险的种类、企业发展各阶段的主要风险、评估风险的水平、规避风险的措施等。

（10）创业计划的执行。主要包括农业企业的管理结构、发展战略、生产运作、企业市场营销等具体的经营管理操作。

5. 附录　附录可有附件、附图、附表 3 种形式，如公司相关的资质材料（如营业执照复印件、公司章程、精英团队名单、产品说明书和相关材料，产品专利相关材资料、宣传材料等）；生产、技术和服务的相关的技术资料（如设备清单、产品目录、工艺流程图、技术图纸与方案等）；市场营销相关资料（如主要客户名单，主要供应商和经销商名单，市场调查和预测资料，产品相关资料等）；财务相关资料（如各种财务报表，现金流量预测表，资产负债预测表以及公司利润预测表等）。

6. 体例格式——国家标准

书写体例要求层次分明。

篇幅要求在 3 000～10 000 字。

篇首要附加计划书呈报团队等自然常项要素。

图表编排标准制作。

正文的章节及各章标题：正文分章节撰写，每章应另起一页。各章标题要突出重点、简明扼要。字数一般在 15 字以内，不得使用标点符号。

层次：层次以少为宜，根据实际需要选择。

农业创业计划书案例（节选）。

现代农业生态园创业计划书

目　录

3. 长期目标（5～6 年）

七、财务计划

1. 资金需求与使用计划

2. 融资计划

3. 损益预估表

4. 现金流预测

5. 投资收益率

6. 投资回收期

7. 资产负债预估表

8. 盈亏平衡分析

八、风险控制

1. 政策风险和法律风险

2. 竞争风险

3. 亏损风险

[示例]

摘要

　　重庆华泰绿色实业有限公司是一家专门从事绿色农产品生产、销售为一体的公司，本公司旗下的华泰现代农业生态园项目位于重庆市万州区响水镇，一期占地 400 亩，投资 800 万元，是融种植、养殖、观赏、餐饮、娱乐、休闲为一体的生态园区。

　　生态园一期划分为生态农业休闲区、农事种植体验区、畜牧养殖区、垂钓休闲区、餐饮加工区、科技示范区、线上线下直营店七大板块。将农事活动、自然风光、科技示范、餐饮娱乐、蔬菜直销、环境保护等融为一体。

　　未来二期项目规划用地 500 亩，以一期项目为基础，重点建设一座现代化和传统相结合的养老院和一个现代化的特色有机农场，来满足特殊人群的需求。

　　本项目以农村为根据地，市场为导向，服务大众为目的，为广大人民群众打造自然、绿色、健康的服务和产品，同时，给生活在城市的白领和广大市民提供一个休闲娱乐的场所。响应万州区政府落实菜篮子工程、发展现代农业、调整产业结构、保护生态环境的计划。对促进农业增效、农民增收、农村发展具有重大意义。

　　……（一、二、三部分内容略）

市场与销售

1. 市场计划

★生态园开园，线上线下"鲜来鲜往"生鲜4S店同步开业，产品导入市场。努力提高产品质量并打造生态园的知名度，初步进入万州农产品市场。

★进一步加强产品质量管理并提升品牌形象，增加无形资产。

★完善相应配套设施和提高服务质量，扩大生产规模。

★健全和完善生态园管理模式和机制，进一步加强产品质量管理和服务质量管理。

★建设二期项目，实行多元化经营战略，进一步拓展产品线。

2. 销售策略

★ 贸易展销会

将我们的产品以大型展销会的形式，在万州城区和各大居住区进行平价展销。

★ 互联网促销

我们将建立自己公司的专业网站，及时发布各种相关信息，使其逐渐发展成为行业内可靠的、及时的、对分销及顾客有影响的、对行业前景情况进行预测的重要来源，并与各大公司进行链接。

★ 公共形象建设

企业和品牌的形象建设是影响深远的。为此我们将开展系列公益活动，如在学校设立专项奖学金，成立环境保护基金，尽可能地和媒体进行环境保护专题的合作，凸显我们的"绿色农业"理念。

★ 直接邮寄

进行商业信函和邮购活动。该活动在以用户为基础对象发布一定数量的信息，旨在获得迅速的客户反应和寻求销售机遇。包括最新产品信息以及农产品试吃等。

★ 社会认证

我们的农产品将以最快速度获得相关质检、科研部门的认证，并获得本行业和客户行业技术权威和领导者的肯定与推荐。

★定期在园区内举办采摘节（应季蔬菜和水果）

3. 渠道销售与伙伴

直销：对于几个重点区域如万州等重点市场，我们将采用在市区内建立生鲜 4S 店与客户进行点对点式（P2P）的直接销售方式。

★ 优势：价格竞争优势明显，可以准确把握即时即刻的供求关系，节省商业中间环节上费用，降低库存的风险，建立更长久稳固的客户。

★ 弊端：市场覆盖面过宽时导致资源投入较大，对于各相关部门要求水平较高。

★ 对策：我们将在直销队伍的执行能力上（包括内部的队伍调整、资源供给等）及大客户的选择方面严格引导，为执行未来的全面直销战略打下坚实基础。

代理销售：对于其他非直销目标市场，我们将有选择的开发有实力、有丰富操作经验、资信良好的当地代理商来共同开发市场。真正做到"把代理商当客户看待"。逐步建立起一套比较实用的管理机制，着眼点放在对代理销售体系的建设规划整合上，逐步确建立一套以客户为中心，以服务为核心的渠道运作架构。

★ 优势：能借助代理商的力量迅速扩大销售额，能借助经销商的力量快速募集资金，降低财务风险。使之成为稳定的合作伙伴来承担销售、集成、服务、支持等众多业务，实现市场覆盖率和市场占有率的攀升，为客户提供良好和更具增值价值的新产品和全线服务，包括售前、售后和运营过程中的所有环节。

★ 弊端：不利于品牌建设，影响整体市场发展，销售不稳定。

★ 对策：对当地代理商的选择将严格要求；我们将派出技术人员和市场人员全程参与市场开发。依据授权原则和市场游戏规则适时加固合作关系，在价格保护、进货价格、现货供应、发货速度、产品种类等各个方面进行控制和支持。

4. 销售周期

★ 我们的农产品多样化，除供应应季蔬菜以外，还提供反季蔬菜（春节期间），畜牧产品全年销售。

★ 生态园游玩一年四季均可并各有特色（春季赏花、夏季钓鱼、秋季品果、冬季野味）。

5. 定价策略

★生态园入园免费，游客进入蔬菜区进行蔬菜采摘，按斤称重，以低于市场价 10％价格销售。

★在畜牧养殖区，游客可以点杀家畜（可加工打包），加工成熟食的另收取加工费。

6. 市场联络（展会/广告宣传/新闻发布会/年度会议/学术讨论会/国际互联网促销等）

营运组织设计

1. 组织结构

　　初期拟采用按职能组织模式。结构简单、分工明确，突出业务活动的重点。

2. 团队成员岗位描述和要求

　　董事会：公司的股东代表组成，属于决策层，负责制定公司的总体发展战略，决定总经理的人选。

　　总经理：负责公司各方面的经营管理，对董事会负责，决定副总经理和部门经理的人选，制定和监督企业战略的实施。

　　后勤部：负责内部管理，园区内和直营店产品的供应以及协调各个部门之间的关系以及人员招聘、培训、考核和规划，人员设置 8 名。

　　营销部：负责公司总体的营销活动，决定公司营销策略和措施，并对营销工作进行评估和监控，包括市场分析，广告、公关关系、销售、客户服务等，人员设置 10 人。

　　研发部：负责提供技术支持和病虫防疫工作，负责新品种的开发工作，拓展生态园农产品的深度和广度，并负责处理产品上市的报检工作，协助总经理制定企业战略规划，人员设置 5 名。

　　生产部：负责生态园各个区域的农业生产和养殖，控制从原料到出产的整个生产管理过程，协调生产和销售的矛盾，人员设置 10 人。

　　财务部：负责资金筹措、使用和分配，如财务计划和分析、投资决策、资本结构的确定，股利分配，等等；负责日常会计工作与税收管理，人员设置 5 人。

　　公关部：负责对内、对外公共关系工作，建立企业和品牌形象，组织园区内各项活动以及公关等相关活动，人员设置 6 人。

3. 建立团队愿景、使命和精神

　　"立足市场，服务大众"是我们华泰公司的定位和工作标准，体现了我们务实的精神。

　　"助我中华，国泰民安"体现了我们华泰人的终极目标是为祖国的社会主义事业做出自己的贡献。

　　我们通过制定周密的计划，保证每一个环节和每一个人的工作质量，用最少的人力、最低的花费、最高的效率实现服务大众的工作标准，并不断追求更好。

实施进度计划

1. 短期目标（1～2 年）

逐步建立健全的销售和售后网络努力提高产品销量，争取年营业收入达 600 万元，市场占有率达 5％～7％。

2. 中期目标（3～4 年）

市场占有率提升 5％，营业收入达到 1 000 万元。

3. 长期目标（5～6 年）

市场占有率达到 15％左右，营业额达到 3 000 万元，居市场主导地位。

财务计划

主要财务假设

★本项目设在万州区响水镇，交通设施相对完善，投资环境属于万州区财政大力支持农业产业园，项目本身销售的是农业产品，免征增值税。

★企业所得税地方留成部分在 2017 年前全部财政全额补贴。

★金融机构对农业贷款产生的营业税地方所得部分，给予全额财政补贴等政策。

★本项目创业成员为大中专学生，享有前 3 年免税的税收优惠政策，即从公司盈利年度开始计算，第一、二、三年免征所得税。自第三年起企业所得税为 15％。

★公司第一年不分红，第二年起按净利润的 20％分红。

★主营业务税金及附加、财务费用和管理费用等与企业销售收入关系不大。

1. 资金需求与使用计划

华泰现代农业生态园一期资金需求与使用计划：

★承包土地和林地应付租金：土地 350 亩、林地 50 亩共计：16 万元/年（租期 20 年）。

★变压器、水、电、气架设和管道铺设：40 万元。

A. 生态农业休闲区

★50 亩连栋冬暖式大棚（加配套水电）：3 万元/亩，共 150 万元。

★道路铺设、绿化以及停车场一座：40 万元。

★办公区（简易房）、农家房屋（瓦房、木屋房）30 间、农产品超市（简易木屋）、农具陈列室（兼保管室和参观室）：40 万元。

★儿童游乐区：基础设施共 0.1 万元。

★办公家具以及客房家具、用具共：20 万元。

★茄子，番茄，菜花，萝卜，黄瓜，柿子椒，金针菇等种子、种苗购买合计：5 万元。

B. 农事种植体验区（先开 2 亩）

★栅栏、农具等 5 000 元。

★各种果树 5 000 株共 30 万元。

C. 畜牧养殖区（100 亩）

★土鸡鸡舍 50 座（林中鸡舍，木质结构）野鸭鸭舍，山羊屋以及兔子窝等以及配套供水设施共：5 万元。

★土鸡鸡苗 1 万只、鸭苗 1 万只、羊羔 500 只以及兔子 1 000 只共：15 万元。

D. 垂钓休闲区

★基本设施如钓鱼台、防护栏、鱼竿架、遮阳伞、坐躺椅等共：2 万元。

★草鱼、鲫鱼、鲢鱼等鱼苗 5 万尾共：1 万元。

E. 餐饮加工区

★农家大餐厅一座，面积 400 米^2（钢结构大棚）；包箱餐厅 10 间，面积 240 米^2（瓦房或木屋）、加工厨房（带厨具）共：50 万元。

F. 科技示范区

★建设一座以现代温室为主的无土栽培等现代化的生产设施共：30 万元。

G. 直营店

★在市区内开设"鲜来鲜往"生鲜 4S 直营店 2 家，装修和厨具、餐具等共：15 万元。

★店面以及其他固定费用：3 万元/月。

一期建设，基础建设和配套设施建设共：460 万元，流动资金 340 万元。

2. 融资计划

公司注册资本为 800 万元，股本结构和规模如下图所示：

股本规模＼股本来源	风险投资	商业贷款	区农业局技术入股	战略伙伴入股
金额（万元）	300	150	150	200
比例	37.50％	18.75％	18.75％	25％

　　在股本结构中，我们打算引入 3～4 家风险投资共同入股，以利于筹资，化解风险；公司外借资金 150 万元（金融机构一年期借款，利率 6.56％，以 2014 年 10 月为准），第 3 年起追加贷款额度 500 万元；区农业局技术入股总额 150 万元占总股本的 18.75％，另外，引入项目所在地响水镇的村委会作为战略合作伙伴，入股总额为 200 万元，占总股本的 25％，以便降低经营风险；

　　……（部分内容略）

三、编制农业企业创业计划书要注意的问题

　　1. 创业计划要符合当地实际　要对项目是否适合本地进行分析研究，在拟定创业计划的时候，做到心中有数、符合实际，创业计划要切实可行，能够实施。

　　农业创业项目选择应遵循的原则如下。

　　（1）要选择国家政策支持鼓励并有发展前景的行业。

　　（2）坚持创新，做到"人有我无、人有我优、人优我特"。

　　（3）认真进行市场调研，适应社会需求。

　　（4）充分发挥自身的优势和长处，做自己有兴趣的、熟悉的事。

　　2. 创业计划要量力而行　要根据自己的财力、物力、技术、特长、管理能力等因素，综合考虑创业计划。要从小做起，不要把摊子铺得过大。要脚踏实地，一步一个脚印地把自己的事业发展壮大。

　　3. 创业内容要有行业特色　一般农民都能创业的领域，尽量不要涉及，否则不会有理想的效益。创业要有特色，有科技含量，有创新，否则就不会长久，或者赚不到钱。

　　4. 创业形式要选择恰当　可以选择加入农民合作社、农业协会或注册创办有限责任农业企业等。这些创业形式不仅能解决农民不懂生产技术、没有生产本钱、市场开拓能力缺乏等难题，而且能保障农民作为经营主体与大市场对接，是实现农业产业化、真正带动农民致富的有效途径之一。同时，还可以通过成员间共担风险、共享利润的经济合作形式，使农民的经济活动取得尽可能

高的效益，又能保留农民在其创业项目运行中的自主性质。

任务三　如何对农业创业计划进行论证

创业者在制订创业计划书时，常常格式雷同，甚至借用模板生搬硬套，缺乏自己的理解和认识，因此要对创业计划书进行分析评价和充分论证，否则就算创业目标明确，创业过程中的一些技术要求、方式方法、人员组合、营销方案等方面出现问题也会使创业多走弯路，甚至导致创业的失败。如何对创业计划进行论证和分析评价呢？

1. 团队成员先自查　三个臭皮匠赛过诸葛亮。创业计划书完成后，先要请自己创业团队的成员一起来认真研读，发现其中的不足之处。还可以请同学、朋友、家人、身边成功创业者等对自己所制订的创业计划进行分析评价，多挑毛病，多提反对意见，从而进一步完善创业计划书。

2. 相关专家来验证　寻求有丰富经验的律师、会计师、政府熟悉相关政策的公务员、专业咨询家的帮助是非常必要的。如向行业管理部门进行咨询，他们对你所准备从事创业的行业有总体上的认识和把握，具备一般人不具备的预测能力，能够通过行业的优劣特点、行业的市场状况、行业的竞争对手、行业的法律约束等方面的分析给你以帮助。

3. 风险评估要做好　现代农业创业的风险不能低估，要充分了解和掌握同行的效益情况，要预测市场的变化，要充分估计到如果产品卖不出去的后果，行业不景气应该怎么办？还要包括季节气候的变化、竞争对手的强弱、创业究竟有多大发展空间、消费群体是否稳定等，这些风险对创业者极为重要，有时甚至会导致失败。对于这些问题，创业者要有完整而周密的应对预案。

作为成功的投资者，应该在风险与收益的相互协调中进行利弊权衡。在风险一定的条件下追求较高的收益水平，在收益一定的情况下，把风险控制在较低的水平，以期取得企业稳健的可持续发展。

提示：农业创业计划书完成后，你需要问自己的几个问题。

（1）你的创业计划是否显示出你的独特之处？

（2）你的创业计划是否显示了你有能力偿还借款？

（3）你的创业计划是否显示出你已进行过完整的市场分析？

（4）你的创业计划是否容易被投资者所领会？创业计划书应该备有索引和目录，以便投资者可以较容易地查阅各个章节。还应保证目录中的信息流是有逻辑的和现实的。

（5）你的创业计划书中是否有计划摘要并放在了最前面？计划摘要相当于

公司创业计划书的封面，投资者首先会看它。为了保持投资者的兴趣，计划摘要应写得引人入胜。

（6）你的创业计划书是否在文法上全部正确？

（7）你的创业计划书能否打消投资者对产品（服务）的疑虑？

【模块小结】

如果你已经有了创业的想法，一旦决定实施就会有很多工作需要去做，这也许会让你觉得千头万绪，无从下手，这时候你需要制订一份行动计划，创业计划是帮助你安排任务的最简单有效的办法，它会让你明了有哪些工作需要做、由谁来做，以及什么时候能完成。同时，一份优质的创业计划书，也是企业成功融资的"敲门砖"。现在开始动手试着完成一份自己的创业计划书吧。

模块五

组建你的农业创业团队

【学习目标】

1. 熟悉农业经济组织的组织形式；
2. 掌握农业创业团队组织的原则和组建过程；
3. 学会挑选适合自己企业的员工。

【任务描述】

企业的发展离不开员工，高素质、凝聚力强的创业团队对农业企业的发展尤为重要。星多天空亮，人多智慧广，团队的力量是任何企业都要重视的。农业企业的生产和销售都要靠员工来完成，企业管理更是需要优秀的员工，本专题就着重解决组建农业创业团队的问题。

【案例导入】

去过庙的人都知道，一进庙门，首先是弥陀佛，笑脸迎客，而在他的北面，则是黑口黑脸的韦陀。但相传在很久以前，他们并不在同一个庙里，而是分别掌管不同的庙。

弥勒佛热情快乐，所以来的人非常多，但他什么都不在乎，丢三落四，没有好好地管理账务，所以依然入不敷出。而韦陀虽然管账是一把好手，但成天阴着个脸，太过严肃，搞得人越来越少，最后香火断绝。

佛祖在查香火的时候发现了这个问题，就将他们俩放在同一个庙里，由弥勒佛负责公关，笑迎八方客，于是香火大旺。而韦陀铁面无私，锱铢必较，则让他负责财务，严格把关。在两人的分工合作中，庙里一派欣欣向荣景象。

其实在用人大师的眼里，没有废人，正如武功高手不需名贵宝剑，摘花飞叶即可伤人，关键看如何运用。

【案例分析】

（1）成功的创业团队，是不同类型人才的和谐组合。

（2）要想取得事业的成功，就必须依靠团队的力量。

（3）领导者要学会用人之长、容人之短，充分尊重角色差异，找到与角色特征相契合的工作，达到优势互补，使整个团队和谐发展。

任务一　明确团队的组织框架

一、创业团队的概念和组织原则

（一）创业团队的概念

创业团队是由员工和管理层组成的一个创业共同体。它合理利用每一个成员的知识和技能协同工作，解决问题，达到共同的目标。狭义的创业团队是指有着共同目的、共享创业收益、共担创业风险的一群创建新企业的人；广义的创业团队则不仅包括狭义的创业团队，还包括与创业过程有关的各种利益相关者，如风险投资家、专家顾问等。

（二）组建创业团队的原则

组建和管理具有战斗力的创业团队就是团队首领的当务之急。应遵循如下原则。

（1）合伙人原则。创业需要的是一个系统，"人"的结构就是相互支撑，"众"人的事业需要每个人的参与。一般企业都是招员工，而员工都是在做"工作"。但创业团队需要招的是"合伙人"，因为合伙人做的是事业，一个人只有把工作当作事业才有成功的可能，一个企业只有把员工当作"合伙人"才有机会迅速成长。

（2）激情原则。"青蛙原理"说明创业团队一定要选择对项目有高度热情的人加入，激情四溢，敏锐性很高，干劲十足，有利于创业成功，否则使企业逐步失去解决问题的能力，就像青蛙那样在不知不觉中走向死亡。

（3）团队原则。社会发展到今天，那种个人英雄主义的时代已经过去了。别人认为是废铁，到他手里就变成黄金。每一位成员的价值，表现为其对于团队整体价值的贡献。所以创业者一定要学习蜘蛛的织网精神，能够吸引比自己强大的人才。

（4）互补原则。建立优势互补的团队是创业成功的关键。"主内"与"主外"的不同人才，耐心的"总管"和具有战略眼光的"领袖"，技术与市场两方面的人才，都不可偏废。

二、成功创业团队的特征

当创业者终于作出决定，"我要去创业"，而且已经有了切入市场的产品或点子后，创业者最重要的任务就是建立起一个共同创业的团队。现代创业活动已非一种纯粹追求个人英雄表现的行为，成功的创业个案大都与是否有效发挥团队运作密切相关。虽然每一位创始人可能都有完全掌控新企业发展的欲念，并希望所有成员都能在他的指挥下行事。不过，许多调查显示，团队创业成功的概率要远远高于个人独自创业。一项调查也显示，在创业成功的公司中，有70%都属于团队创业。

为什么团队创业成功的概率要大大高于个人创业？原因很简单，因为没有人会拥有创立并运营企业所需的全部技能、经验、关系或声誉。因此，从概念上来讲，如果想要创业成功，就必须组成一个核心团队。团队成员对创业者来说将发挥不同作用：他们或是合伙人，或是重要员工。他们不可或缺，有了他们，可以解决创业过程中可能出现的一些问题。

一个好汉三个帮，红花也需绿叶扶持。不管创业者在某个行业多么优秀，但不可能具备所有的经营管理经验，而借助团队就是拿来主义，他们可以拥有企业所需要的经验，如顾客经验、产品经验和创业经验等。而且人际关系在创业中的比重被放在一个很重要的位置，人际关系网络或多或少地帮助创业者，是企业成功的因素之一。通过团队，人脉关系可以放得更大，可提高创业成功的概率。

一项针对创业者能力的研究报告也指出，组成团队与管理团队是成功创业者需要具备的主要能力之一。由于组成创业团队的基石在于创业远景与共同信念，因此创业者需要提出一套能够凝聚人心的远景与经营理念，形成共同目标、语言、文化，作为互信与利益分享的基础。组成创业团队是一种结合远景、理念、目标、文化、共同价值观的机制，使之成为一个生命与利益共同体的组织。

因此，一个成功的创业者需要知道如何管理团队，并具备领导团队运作的能力。一般而言，成功的创业团队运作应该具备以下八大特征：

1. 凝聚力 团队是一体的，成败是整体而非个人，成员能够同甘共苦，经营成果能够公开且合理地分享，团队就会形成坚强的凝聚力与一体感。

每一位成员都应将团队利益置于个人利益之上，而且充分认识到，个人利益是建立在团队利益基础上的，因此团队中没有个人英雄主义，每一位成员的价值，表现为其对于团队整体价值的贡献。成员愿意牺牲短期利益来换取长期的成功果实，而不计较短期薪资、福利、津贴，将利益分享放在成功后。

2. 与企业同成长 团队成员保持对企业长期经营的信心，对于企业经营成功给予长期的承诺，每一位成员均了解企业在成功之前将会面临的挑战，并承诺不会因为一时利益或困难而退出，同意将股票集中管理。如有特殊原因而提前退出团队者，必须以票面价值将股权转让给原公司团队。

3. 企业价值发掘 团队成员全心致力于创造新企业的价值，认为创造新企业价值才是创业活动的主要目标，并认识到惟有企业不断增值，所有参与者才有可能分享到其中的利益。

4. 股权分配合理 平均主义并非合理，团队成员的股权分配不一定要均等，但需要合理、透明与公平。通常创始人与主要贡献者会拥有比较多的股权，但只要与他们所创造价值、贡献上能相配套，就是一种合理的股权分配。有一家创业公司的四位成员以平均方式各拥有 25% 股权，但其中两位几乎对于新企业发展完全没有贡献，这样的创业团队其实是不健全的，也难吸引外部投资。

【典型案例】

土豪村现金分红，网友跪求入股

据中新网报道，2015 年 12 月 19 日，位于河北保定市的望都县恒业合作社举办股金分红大会，以入股该社小辛庄村千亩莲藕基地投入额的 18% 向股民分红，共计 1 000 多万元。据了解，该合作社于 2007 年 10 月成立，共有 484 户社员得到了股金分红。

发红当天，在河北保定市望都县的恒业合作社，长桌上摆放好的 1 000 多万现金。平均每户社员能分到两万多元，并不算多，但堆在一起还是挺震撼的。网友调侃，"已被'钱长城'亮瞎！""跪求入股！"

望都县为什么能给村民分这么多钱？农业合作社的作用至关重要。举行分红大会的恒业合作社莲藕种植基地是河北省省级农业合作社，成立于 2007 年 10 月。成立以来，为发展莲藕产业，合作社还多次到河南、唐山等地学习考察，于 2012 年 3 月在合作社内部建立资金互助模式，即把社员手中的闲散资金集中起来，解决产业发展和社员生产、生活资金短缺难题。并通过走"加工十基地"的产业化发展道路，形成产业链条，推动现代农业良性发展。目前，合作社共发展社员 900 多户，吸纳闲散资金 1 000 多万元，为 200 多户有需要社员提供了 800 多万元资金支持。

2014 年以来，望都县通过示范引领、政策扶持，大力推广莲藕规模化种植、标准化生产和产业化经营，深入推进特色乡村建设，切实增加农民收入，实现经济、生态效益双丰收。到 2015 年 11 月，望都县莲藕种植面积达 700 余亩，产值达 1 亿元。目前，在合作社的带动下，农民种植莲藕的积极性大增，明年预计莲藕种植面积将扩大到 2 000 余亩。合作社更吸引了投资商进行大规模投资，形成了莲藕综合发展模式。

（资料改编自：http：//cl. youth. cn）

【案例分析】

农村，不是落后生产力的代名词。让生活变得更美好，是所有人的共同愿望。在这样一个愿望之下，所有人的出彩机会应该是平等的，不分户口、不分年龄、不分男女老少、不分学历。因此，每一个村落，都有理由像一个企业一样，找到自己的生存和发展之路，并且，带领全体村民实现并达到一定程度的共同富裕。

5. 利益分配公平有弹性　创业之初的股权分配与以后创业过程中的贡献往往并不一致，因此会发生某些具有显著贡献的团队成员，拥有股权数较低，贡献与报酬不一致的不公平现象。因此好的创业团队需要有一套公平弹性的利益分配机制，来弥补上述不公平的现象。例如，新企业可以保留 10% 盈余或股权，用来奖赏以后有显著贡献的创业成员。

6. 能力搭配完美　创业者寻找团队成员，应该基于这样的考虑，主要是弥补当前资源能力上的不足，也就是说考虑创业目标与当前能力的差距，来寻找所需要的配套成员。好的创业团队，成员间的能力通常都能形成良好的互补，而这种能力互补也会有助于强化团队成员间彼此的合作。

当然创业团队也并非一蹴而就，往往是在新企业发展过程中才逐渐孕育形成完美组合的创业团队。在这一过程中，创业成员也可能因为理念不合等原因，在创业过程中不断替换。有人统计，在美国创业团队成员的分手率要高于离婚率，由此可见团队组成的不易。虽然有诸多不易，团队组成与团队运作水平对创业集资与创业成败都具有关键影响力，因此创业者必须重视如何发展创业团队的问题，并培养自己在这一方面的能力。

7. 创业激情　建立优势互补的团队是创业关键。团队是人力资源的核心，"主内"与"主外"的不同人才，耐心的"总管"和具有战略眼光的"领袖"，技术与市场两方面的人才，都不可偏废。创业团队的组织还要注意个人的性格与看问题的角度，如果一个团队里能够有总能提出建设性的可行性建议的和一个能不断地发现问题的批判性的成员，对于创业过程将大有裨益。

作为创业者还需要特别注意，那就是一定要选择对项目有热情的人加入团队，并且要使所有人在企业初创就要有每天长时间工作的准备。任何人，不管他（她）的专业水平多么高，如果对事业的信心不足，将无法适应创业的需求，而这样一种消极的因素，对创业团队所有成员产生的负面影响可能是致命的。创业初期，整个团队可能需要每天 16 个小时都不停地工作，并要求在高负荷的压力下仍能保持创业的激情。

8. 互信　猜疑会令企业瓦解。近年来中关村每年的企业倒闭率在 25% 左右，其中很重要的一个原因，就是创业团队内部不团结。而建立和维护创业团队成员之间的信任，简单地说，一是要增强信任，二是要防止出现不信任，避免信任转变为不信任。信任是一种非常脆弱的心理状态，一旦产生裂痕就很难缝合，要消除不信任及其带来的影响往往要付出巨大的代价，所以防止不信任比增强信任更加重要。

一般来说，创业者在选择创业伙伴时主要考察对方的人品和能力。相对于能力而言，人品更加重要，它是人们交往和合作的基础，也是决定一个人是否值得信任的前提。在创业团队中人们注重的人品主要有：成员是否诚信、成员的行为和动机是否带有很强的私心。另外，团队成员要对集体忠诚，彼此以诚相待、公平相处，误会和猜疑产生时应及时沟通，避免越积越多而不可收拾。

创业团队的组建是没有任何神奇公式的，它类似于把拼板玩具的每一块拼凑起来，而能否搭建起来，关键是合适。

三、明确农业经济组织的组织形式

（一）农业经济组织概述

1. 农业经济组织概念　农业经济组织是指为了实现一定的经济目标和任务而从事农业生产经营活动的单位或群体。它既是一定社会生产关系的具体体现，也是一定生产力的具体组合形式。社会再生产过程是由具体的经济组织实施并完成的。人类社会的一切经济活动，都有一定的经济组织形式和基本单位。

2. 农业经济组织的功能

（1）生产组织功能。提供农业种植信息，熨平农业周期波动；提供农业生产过程中的服务；提供农业机械服务。

（2）市场联系的功能。降低单位农产品的市场费用，为农民进入市场提供条件、架起桥梁；市场风险的屏障和约束机制；提供市场信息，引导农民进入市场。

（3）实现农业规模化生产。合理扩大生产规模，提供农业劳动生产效率。

3. 农业经济组织的多样性

（1）产权制度安排的多样性。不同的资产，因其属性的复杂性不同，往往会形成不同的产权类型，进而形成不同的经济组织。

① 在农业中，耕地是十分重要的资产。基于农业活动的连续性与长周期性，对耕地产权的界定很难从时间上进行充分界定，但在空间上的产权界定则相对具有比较优势，农地的可分性强，从连片的几十亩到小块的几分地，可以进行较为清晰的产权界定。所以农地制度从集体产权制度到私人产权制度，可以存在多种组织形式。

② 在农业机械的投资上，一方面由于农地的分散性及小块经营，大型机械设备往往难以与之匹配，而且考虑到农业的季节性，其在时间上的利用率也十分低下。所以，在灌溉、机耕、机种、收割、脱粒等各项服务中，既可由农户组织进行自我服务，也可由专业性组织提供专业服务、集体组织提供统一服务，从而表现出服务组织的多样性。

（2）市场运销组织的多样性。在缺乏分工的前提下单个农户很难完成从种植生产到市场销售的全部过程，一个可选择的方式是组建专业运销组织，以完成从货源组织到零售的经营过程，避免中间利益的流失。这显然要求合作组织的产生与发育。

（3）组织规模的多样性。由于农业生产的连续性，农业的特性及其资产属性，农业中分工的空间是极为有限的。因此，在农业生产中，交易活动大都被置于组织内部。现实中从播种、插秧、施肥、除草、防虫、灌溉到收割等多种农艺活动往往不是通过专业化分工，而是综合地被纵向一体化的。如果说插播与收割在一定程度上可以通过专业服务组织进行外部交易的话，那么其他农艺活动因其计量的困难也难以市场分工。

（4）农业经济组织的过渡性。农户在生产的同时从事农产品销售，可以有多种过渡形式。如"产地专业市场（批发市场）＋农户""农户＋专业（合作）运销组织""公司＋农户"等。

（5）农业经济组织的社区性。农业经济组织除了因产业性质所决定的特殊性外，其特殊性还来源于另一个重要的方面，那就是社区性。农村社区相对于城市社区具有下述特点：其一，居民从事的职业主要是农业；其二，人口密度低，居住相对分散，流动性小，从而表现出一定的封闭性；其三，自然环境对农村社区的直接支配作用较强，经济活动具有地域性，人际关系具有地缘性；其四，家庭是农村社区的中心。因而表现出血缘性与亲缘性；其五，强烈的乡土观念与认同感。

（二）农业经济组织形式

1. 农民专业合作社　我国在《中华人民共和国农民专业合作社法》的第一章总则第二条对农民专业合作社进行了简要的定义，即"农民专业合作社是在农村家庭承包经营基础上，同类农产品的生产经营者或者同类农业生产经营服务的提供者、利用者，自愿联合、民主管理的互助性经济组织"。这个定义包含几层意思：

（1）《农民专业合作社法》中的"农民"两个字是整个定义的主语，标志农民在农民专业合作社中的主体地位；或者说，标志农民专业合作社的主体成分是农民。

（2）"在家庭承包经营基础上"是说农民专业合作社建设要在农村原有的双层经营体制基础上进行，不打乱农村原有土地等生产资料所有权、使用权、经营权，独立运作。

（3）"同类农产品的生产经营者或者同类农业生产经营服务的提供者、利用者"，指的是农民专业合作社的成员。

（4）"自愿联合"强调了合作社建设中农民自觉性、自主性，排除了脱离实际的行政干预和一阵风等情况的出现。

（5）"民主管理"强调了合作社经营自主性和成员在经营过程中的地位的平等性、利益占有的均衡性。

（6）"互助性经济组织"是对合作社的定性，含义有三层：一是互助性是指专业合作社成员通过联合结成经营团队，通过团队内部的统一服务的模式。

互助性是对内而言的，其实，对外可以说也是一种自助性。二是"经济"两个字是指农民专业合作社和农民专业协会等非营利性社会团体相区别。即肯定了农民专业合作社是可营利性组织。三是"组织"二字是指专业合作社经济和一般农民、农户经济相区别。五户以下的农民组织和个人，不能成立农民专业合作社，成立了工商部门也不予登记，即为不合法的合作社，不受法律保护。

2. 农业企业

（1）农业企业。农业企业是指使用一定劳动资料，独立经营，自负盈亏，从事商品性农业生产与农产品直接相关的经济组织。

（2）农业企业组织形式。有以下几种形式：

① 单一业主制企业。这类企业的产权特点如下。

a. 个人投资兴办。

b. 个人经营或雇佣委托他人经营。

c. 业主享有企业的全部经营所得。

d. 拥有绝对的权威。

e. 完全的所有者权利。

f. 平均规模比较小。

g. 起步阶段需要的投资少，易于创办。

h. 成立和歇业的法律程序较为简单。

② 合伙制企业。合伙制企业是指由两人以上按照协议投资，共同经营、共负盈亏的企业。合伙制企业财产由全体合伙人共有，共同经营，合伙人对企业债务承担连带无限清偿责任。

农民用土地、资金、技术、劳力等要素入股，组成合伙人性质的生产合作社。选出经济能人经营。这种方式，土地所有权与经营权分离，农民既可以从劳动中获得工资收入，又可以从土地入股中获得预期收益。这类企业的产权特点如下。

a. 合伙人共同投资。

b. 合伙经营。

c. 共担风险。

d. 共负责任。

e. 共享利润。

③ 法人公司——股份合作制企业、股份制企业。生产完全按现代企业运作方式管理，产权清晰，经营方式现代化，产供销一体化，面向区域市场与全国市场，甚至还面向国际市场。这类企业的产权特点是：

所有出资人都只以自己的出资额为限，对公司的债务负有有限的清偿责任：即当公司入不敷出，资不抵债时，可以强制企业破产，但不管公司欠债多少，所有出资人都只以其投资入企业的资本清偿债务，不再负担超过这一限额的债务清偿债务。因此，公司所有者完全不必担心企业破产会导致自己倾家荡产。

由于债务责任是有限的，企业容易聚集社会上的闲散资金，在短时间内创办大规模的企业。

目前我国公司制企业的法律形态主要有两种：

有限责任公司，股东以其出资额为限对公司承担责任，公司以其全部资产对公司的债务承担责任。

股份有限责任公司，股东出资的全部资产分为等额股份，股东以其所持有股份为限对公司承担责任，公司以其全部资产对公司的债务承担责任。

（3）农业企业的典型特征。农业企业包括：农产品生产企业，农产品加工企业（农产品初级加工），农产品流通企业（农产品的运输与销售）。其典型特征有以下几个方面。

① 由传统农业逐渐向现代农业转化，农业经济由自然经济发展到商品经济，实现管理对象的商品化。

② 作为大多数生产经营主体的家庭农场的农场主逐渐成为企业的管理经营者，家庭农场成为名副其实的高度商品化的企业，实现生产经营主体的企业化。

③ 农业生产的专业化。农业作为一个产业部门，在全国范围内形成地区专业化。各产业部门和各类农场的分工，从而促进了部门专业化和农场专业化。农业部门和农场专业化的发展，又把一种产品的不同部分或不同工艺阶段都分成了专项生产，推动了农业生产工艺专业化。

④ 产供销或农工商等农业经营的一体化。经营一体化中农业与相关经济部门的结合是互相依存、密不可分的关系。尽管农业是核心，但推动一体化发展的却是非农经济部门。

⑤ 由农民自己创造，其发展前景广阔。农业企业化首先是农民创造出来的，农民是制度创新的主体。因此，他们在实践中以最快的速度传播，产生巨大的示范效应，创造出多样化的农业企业化的经营方式。

（4）农业企业的申办流程。

企业工商登记注册。

登记管理的管辖权限。

公司的命名。

经营范围。

其他：如企业在经营期限内必须按年度到工商行政管理部门年检；企业必须依法与员工签订劳动用工合同；企业必须为员工办理社会保险（养老，医疗，事业，工伤）等。

【延伸阅读】

家庭农场申报流程是什么？

　　一般的家庭农场认定标准是以家庭成员为主要劳动力，从事农业规模化、集约化、商品化生产经营，并以农业收入为家庭主要收入来源的新型农业经营主体。发展家庭农场是提高农业集约化经营水平的重要途径。因为刚刚起步，家庭农场的培育发展还有一个循序渐进的过程。鼓励有条件的地方率先建立家庭农场注册登记制度，明确家庭农场认定标准、登记办法，制定专门的财政、税收、用地、金融、保险等扶持政策。

一、家庭农场注册登记需要什么条件？去哪个部门注册？

　　1. 申请人农业的身份证明（户口本页或者其他农业户口证明）。

　　2. 设立登记申请书。

　　3. 经营规模相对稳定，土地相对集中连片。土地租期或承包期应在5年以上，土地经营规模达到当地农业部门规定的种植、养殖要求。有《农村土地承包经营权证》《林权证》《农村土地承包经营权流转合同》等经营土地、林地的证明。

　　4. 选择经济组织模式：个体工商户、个人独资企业、合伙企业、公司等其他组织形式。

　　去申请设立登记，需要提醒大家资料最好一次性齐全，这样可以节省时间提高效率。家庭农场去其经营场所或住所所在县、不设区的市工商行政管理局以及市辖区工商行政管理分局负责登记。

二、家庭农场的注册时需要验资吗？

　　家庭农场申请人可以以货币、实物、土地承包经营权、知识产权、股权、技术等多种形式、方式出资。申请人根据生产规模和经营需要可以选择申请设立为个体工商户、个人独资企业、合伙企业和有限责任公司。

　　登记注册时，还可享受目前实施的一应优惠政策，如"有限公司除法律、行政法规和依法设立的行政许可另有规定的外，一律降低到3万元人民币（注册资本）""允许有限公司注册资本'零首付'注册登记"等。

　　挑选注册类型一定要注意，如果注册个体工商户，则对注册资本没有门槛要求，不需要验资，但个体工商户承担的是无限责任。就是说，一旦发生经营危机，家庭财产有可能抵偿债务。而有限责任公司则要验资，以注资额为限，承担有限责任，家庭财产不受牵连。

三、家庭农场能贷款吗？有哪些贷款方式？

　　2013年中央1号文件第一次将从事规模经营的专业大户和家庭农场明

确为新型农村经营主体的重要组成部分，7月，中国农业银行出台了《中国农业银行专业大户（家庭农场）贷款管理办法（试行）》，规定单户专业大户和家庭农场贷款额度提升到1 000万元。

根据客户经营现金流的特点设定了更加科学灵活、符合实际的贷款约期和还款方式，贷款期限最长可达5年；针对农村地区担保难的问题，《办法》创新了农机具抵押、农副产品抵押、林权抵押、农村新型产权抵押、"公司＋农户"担保、专业合作社担保等担保方式，还允许对符合条件的客户发放信用贷款。

按照规定，借款人必须是有本地户口的家庭农场经营户，家庭农场经营状况良好、无不良信用记录和拖欠他人资金的情况。

具体包括：借款人种养历史经验和专业经营能力、应对市场价格波动能力、承包经营农地的合法性和稳定性、家庭稳定性、财务状况、个人品行以及新型担保方式的合法合规性、价值稳定性、处置变现的难易程度等。

你所需要带的材料：

1. 申请书。

2. 家庭农场营业执照。

3. 家庭农场的介绍。

4. 以土地承包经营权抵押的，需要有《农村土地承包经营权证》《农村土地承包经营权流转合同》或《林权证》。农机具抵押、农副产品抵押，也需要出示相关的所属证明。

5. 家庭农场法人身份证及法人介绍。

6. 有验资报告的提供验资报告。

7. 近三个月的资产负债表和财务说明。

8. 还款计划说明。

所需材料全部要加盖家庭农场公章。

四、政府对家庭农场的补贴政策有哪些?

各地政府鼓励有条件的率先建立家庭农场注册登记，明确家庭农场认定标准、登记办法，制定专门的财政、税收、用地、金融、保险等扶持政策。因为各地农业发展现状不同，家庭农场的补贴政策及力度差异也很大。同时补贴的项目也是多样化。例如，有针对家庭农场的直补、流转土地租金补贴、贷款贴息补贴、农机补贴、农资补贴。

安徽宿州：家庭农场连片流转土地100亩以上的，每亩奖补200元，连补3年，分年度兑现；对从事设施农业、养殖、特色种植等产业被认定为中小型和大型家庭农场的，分别给予一次性奖补 3 万元和 5 万元。

山东曲阜：家庭农场注册登记 200 亩以上、合同 5 年以上、总投资 30 万元以上的，2013 年最高可拿到 10 万元补贴。

江苏铜山：经营稳定、推广应用新技术且平均效益比普通农户高 30% 以上的家庭农场，给予 3 万元到 5 万元的奖励。同时，扶持组建家庭农场协会，农产品实行统一种植销售；年销售业绩在 100 万元以上的家庭农场，给予实际销售收入 1% 的奖励，最高不超过 5 万元。对经营家庭农场所申请的银行贷款，予以贴息扶持。每个贴息对象年贴息最高额度为 5 万元，可连续享受。

任务二 筛选员工的步骤

一、选择农业企业员工的步骤

种植业、养殖业、农产品加工和流通、销售企业都离不开员工。对于一个新开办的农业企业，是自己完成全部工作，还是需要雇用员工，需要雇用多少名员工，都是创业者需要考虑的问题。在创业之初，你可以按照下面的步骤来考虑。

（1）列出新企业要完成的各项工作。

（2）列出每项工作所需的知识与技能。

（3）决定哪些工作你可以完成，哪些没时间或没能力亲自完成。

（4）如果所有工作你都有时间和能力，并且愿意自己完成，你要做好充分的思想准备。

（5）决定你需要多少员工做你不能自己完成的那些工作。

（6）确定这些员工为做这些工作必须具备哪些技能、经验和其他要求。

二、确定你的农业企业需要什么样的员工

对于新建立的农业企业，除了专业技术人员，还需要一些行政管理和财务人员，以使企业顺利运行，如文秘、会计、采购、销售等。

在农业企业中，员工按工作时间长短可以分为两种。

◇长期员工——常年在农业企业工作的员工。

◇季节工——根据农业企业生产需要暂时到企业工作的员工。

在种植、养殖行业中因为农业生产的季节性特点，雇用临时工的情况很多，而在从事农产品加工销售的企业中，市场营销和产品销售人员需要建立一个团队，一般雇用长期员工，并对其进行规划和管理。

【典型案例】

樱桃采摘园的员工队伍

村民王国强决定投资开办一个樱桃采摘园，考虑到自己有一些樱桃种植技术，他还打算扩大种植规模，牵头成立一个樱桃种植合作社。首先他想到，只靠自己完成樱桃栽培管理是不可能的，所以需要雇用几个技术工人，另外还需要一些普通的临时工。他还需要一名会计，帮助合作社记账、报账。在种植园开始结果后，他还需要一名营销人员，协助他开展宣传和销售工作。为此，他列出了如下的员工规划表。

工作职责	所需技能和经验	负责人	月工资
企业管理、外部沟通、协调、销售	懂企业管理、有企业管理经验、有较好的沟通和交际能力	王国强	5 000 元
专业技术人员	懂得樱桃种植的专业技术	两名全职技术工人	4 000 元
临时工	懂得基本的农业耕作知识	10～20 名	80 元/天
记账、报账	懂会计知识	1 名	3 000 元
营销策划、销售主管	有销售工作经验，懂得农业采摘园的营销	1 名	5 000 元

任务三 现代企业人力资源管理——选人、用人、留人、育人

一、如何选人

企业的竞争就是人才的竞争，人才是企业的根本，是企业最宝贵的资源，因此如何选择优秀的人才为自己工作，已经成为企业生存与发展的决定因素。换言之，从业人员素质的高低，极大地影响着企业的成败。一般说来企业所需要的人才，必须具备以下各项条件。

（1）敬业态度。工作态度及敬业精神是单位挑选人才时应优先考虑的条件。

（2）专业能力或学习能力。现代社会分工细致，各行各业所需得的专业知识愈来愈专、愈来愈精。因此，专业知识及工作能力已成为单位招聘人才的时重点考虑的问题。但在愈来愈多的单位重视教育训练的今天，该人接受训练的可能性，即学习潜力如何也成为考察的必要条件。

（3）道德品质。道德品质是一个为人处世的根本，也是单位对人才的基本要求。

（4）反应能力。对问题分析缜密，判断正确而且能够迅速做出反应的人，在处理问题时比较容易成功。一个分析能力强、反应敏捷并且能迅速而有效地解决问题的职工，将是单位十分重视而大有发展前途的人才。

（5）学习的意愿。现代社会科学技术发展日新月异，市场竞争瞬息万变，单位要持续进步，只有不断创新。否则，保持现状及意味着落伍。

（6）以人为本。拥有学习意愿强、能够接受创新思想的职工，公司的发展必然比较迅速。

（7）沟通能力。沟通能力已成为现代人们生活必备的能力。

（8）团队精神。职工在个性特点上要具有团队精神或和群性，几乎已成为单位普遍的要求。个人英雄主义色彩太浓的人在单位里不太容易立足。因为想要做好一件事情，绝不能仅凭个人爱好，独断专行。只有通过不断地沟通、协调、讨论，优先从整体利益考虑，集众人的智慧和力量，才能做出为大家所接受和支持的决定，才能把事情办好。

（9）健康的身体。一位能够胜任工作的职工，除了品德、能力、个性等因素外，健康的身体也是重要的因素。

（10）自我了解。人生的目的明确、自我能力强的职工不会人云亦云，随波逐流。即使面临挫折，也能努力坚持，不会轻易退却，因而能在生产或其他工作中发挥主观能动性。

（11）适应环境。单位在选拔人才时，必须注重所选人员环境的适应能力，避免提拔个性极端或太富理想的人，因为这样的人较难与人和睦相处，或是做事不踏实，这些都会影响同事的工作情绪和士气。

二、如何用人

（1）利用。这是用人的低级形式。也是对使用和重用的一种补充。所谓利用是管理者对被利用的对象缺乏必要的信任，但又感到被使用的对象尚有"可用之处"，他的某一项专长对管理者的事业有利，在这种情况下管理者做出的策略性的用人抉择。

（2）使用。这是最常用的一种用人形式。因为作为管理者，他当然要最大限度地使用人才。因此，绝大多数下属都是被使用的对象。在这种情况下，管理者往往对被使用对象具有一定程度的信任，而且，被使用对象自身往往具有一定的德才素质。

（3）重用。所谓重用，按照人们通常的理解，是指上层管理者将某位下属安排在最关键的位置上，授予他重要的职权。在管理者的用人行为中，重用是一种带有战略性的用人抉择。被重用者德才素质的高下优劣，往往决定着这个管理系统的兴衰成败。重用具有以下几显著特点：信任度最高；情感因素居主导地位；在动态发展中保持较深的理解程度。

三、如何管人

（1）情感沟通管理。这是人本管理的最低层次，也是提升到其他层次的基础。在该层次中，管理者与员工不再是单纯命令发布者和实施者。管理者和员工有了除工作命令外之外的其他沟通，这种沟通主要是情感上的沟通。

（2）员工参与管理。员工参与管理也称为"决策沟通管理"，管理者和员工不再局限于对员工的嘘寒问暖，员工已经参与到工作目标中的决策中来。

（3）员工自主管理。随着员工参与管理的程度越来越高，对业务熟练的员工或知识型的员工可以实行员工自主管理。管理者可以指出公司整体或部门目标，让每位员工拿出自己的工作目标，经过大家讨论后可以实施。

（4）人才开发管理。为了更进一步提高员工的工作能力，公司要有针对性地进行一些人力资源开发工作。员工工作能力的提高主要通过三个途径：工作中学习、交流中学习和专业培训。

（5）单位文化管理。单位文化说到底就是一个公司的工作习惯和风格。单位文化的形成需要公司管理的长期积累。员工的工作习惯无非朝两个方向发展：好的与坏的。如果公司不将员工的工作习惯朝好的方向引导，他就会向坏的方向发展。单位文化的作用就是建立这样一种导向，而这种导向必须使大家共同认可的。

四、如何育人

（1）培训员工，让他们找到自身的动力：外界的努力或措施只是辅助手段，一个人想要真正地成长，必须有自己发展的要求。

（2）发掘职工的聪明才智。

（3）从多种渠道对员工加强培养。

（4）培训过程规范化和严格管理。

（5）注重团队精神。

五、如何留人

（1）付给更多的报酬。在现今薪资待遇已经成为留住人才的第一要素。其次是事业留人，再次是感情留人。

（2）委以更多的责任。人既是感性的又是理性的。员工既希望能够受到关怀，又希望发挥自己的能力为单位创造点什么。如果这些愿望得不到满足，那么员工便会感觉到失望，或许领导能够给很高的薪水，但在有些时候，高薪也留不住人，委以更多的责任才是明智的解决办法。

（3）营造平等的环境。人，生而平等，所以要以平等的态度对待每一人。

（4）努力挽留打算离去的人才。

（5）满足人才的志趣。

（6）领导要和人才交流思想。

（7）快速提拔。

六、怎样发挥员工的能动性？积极性？

（1）重视部下能干什么，而不是不能干什么。一位经理重视别人不能干什么，而不是重视别人能干什么，他就回避缺点来选用人，那么他本人就是一个弱者。

（2）重视下属的智慧。

（3）以借用智慧、充满感情的心情倾听部署的建议。

（4）鼓励日常中的提案。

（5）对不平、不满要表示欢迎。

（6）对提出来的意见要马上有所反映。

【模块小结】

俗话说"众人拾柴火焰高""人心齐，泰山移"，任何人的知识和能力都是有限的，都不是全才，有长处，也有短处。创业者一个人不可能万事皆通，在技术方面是天才，在管理和销售方面可能就是外行；或者擅长经营管理，对技术却是门外汉。因此，建立一个能力互补的创业团队是十分必要的。一个强大的创业团队应由管理、技术、财务、销售等人才组成，打造一支爱岗敬业、团结协作的创业队伍是事业开始的起点。

模块六

相关法律知识

【学习目标】

1. 明确企业相关的法律知识和法律责任。

2. 了解如何规避现代农业创业过程的风险。

3. 制定企业风险应对的预案。

4. 了解农业保险的知识。

【任务描述】

现代农业创业过程集自然再生产和经济再生产于一体，作为一个创业者你需要承担起相关的法律责任，了解自己企业所适用的法律，依法经营。同时你需要了解现代农业创业可能面临的风险，学习制定应对现代农业创业风险的预案，保护企业的合法权益。

【案例导入】

农业产销新模式"坑农"是何因

地里的彩椒长势喜人，一片丰收的景象，而种彩椒的农民合作社社员却长吁短叹，满面愁容。"头年签订的 100 万元的彩椒种植合同，谁想到出了意外，眼瞅着要收货了，收购企业竟跑路了。"村民无奈又焦急。看着辛苦大半年种的彩椒因为找不到买家，马上要烂在地里，农民心里直叫苦。种苗、大棚、化肥、农药、人工成本，一年的投入都打了水漂。

像这种签了订单，收购企业却因订单价格高于同期市场价格拒不履行合同，临阵跑路的事件各地陆续都有发生。中国社会科学院农村发展研究所研究员张晓山认为，按照市场经济契约，签了合同就应该履行，但很多订单农业却不是这样，"就像一锤子买卖，要是赚了就赚了，赔了就不干了，而不是一种长期的合作的共赢的关系"，张晓山说。履约难已成制约订单农业发展的主要因素。专家建议应完善相关法律制度，倡导重信守约的精神，保护弱势的一方不受伤害，消除收购方的投机心理。

广大农户和种植合作社也要提高警惕，了解收购企业的实力和背景；签订合同时应详细浏览合同中的各项条款，如发现有遗漏或模糊的内容即时与对方交涉，以免后期造成危害。

（资料改编自新华网：订单农业陷"履约难困境农业产销新模式为何屡坑农。"）

【案例分析】

（1）农业项目投资巨大，产出周期长，服务链条涉及基地种植、加工分级、包装运输、市场销售等很多环节，企业往往还没进入盈利期就会发生资金链断裂的情况，创业者对此应有清醒的认识。

（2）企业应提前制定应对市场风险的预案，摸着石头过河有时候会令企业陷入困境。

任务一 企业相关法律知识和法律责任

一旦开始经营企业，你就需要承担起相关的法律责任。依法开办企业是你的权利，依法经营企业也是你的义务。遵纪守法的企业不仅可以减少麻烦，也将赢得客户的信任、供应商的合作、员工的信任、政府的支持，甚至赢得竞争对手的尊重，为自己营造一个良好的生存发展空间。

一、企业法律责任

企业的法律责任是指企业作为具备独立法人资格的主体在法律上所承担的民事或刑事责任。根据《公司法》的规定，具体有以下几种情况：清算责任、依法纳税的责任、确保公司注册资金资本维持不变的责任、股东依公司章程约定足额缴纳出资的责任、依法签订《劳动合同》及为员工购买养老保险的责任、对债权债务依法承担无限或有限的责任，如公司构成犯罪的，依《刑法》规定承担相应的刑事责任。

（一）行政法律责任

接受工商、税务、环保等机构管理，依法进行企业登记和核准、缴纳税费、进行年审等，刑事法律责任，逃税漏税，单位贿赂，重大责任事故等要追究刑事法律责任。公司的法律责任对应的就是公司的法律风险。

（二）劳动合同

公司聘用员工，劳动合同的签订、履行中法律风险。劳动合同法规定，用人单位必须与劳动者签订劳动合同。劳动合同的基本内容如下：

劳动合同期限。

工作内容和要求。

工作时间和休息、休假。

劳动报酬。

保险福利。

劳动保护和劳动条件。

劳动合同的解除、终止及经济赔偿。

劳动争议处理。

（三）合法经营、合法履行纳税义务

公司的生产经营要签订各种合同，购销合同、租赁合同、担保合同、借款合同、服务合同、加工承揽合同。要重视合同的管理，把公司经营中的过程规范化、细致化，从合同的签订到合同的履行都要把控防风险。把控企业不做：非法集资、合同诈骗、逃税漏税、虚开增值税发票、制造出售假冒伪劣产品、制造出售假冒注册商标商品。要重视环保，要重视消防、要重视安全质量控制，这些事情不出是不出，一出就是大事，会关系到公司的生死存亡。

二、企业设立阶段因企业组织形式不规范导致的法律风险

企业组织形式有多种：有限责任公司、股份有限公司、合伙企业、个人独资企业等，分别受《公司法》《合伙企业法》《个人独资企业法》等的调整，中小企业投资人因为不了解各种组织形式各自的法律特征，常常导致投资人认识与法律规范之间的错位，因而产生始料不及的纠纷和法律风险。

实践中常见的有：

1. 实际上是合伙企业，投资人却误以为设立和经营的是公司。导致合伙人之间对权利认知错位，合伙人对外无限责任与有限责任的认识错位。

2. 自以为设立和经营的是有限公司，实际上是个人独资企业。"夫妻公司""父子公司"以及新公司法实施后的"一人公司"是实践中常见的中小企业组织形式。投资人误以为"公司是我的，公司的财产也就是我的"，经营中将公司财产与家庭或个人财产混为一体，结果对外发生纠纷的时候可能招致公司人格的丧失，失去"有限责任"的保护，《公司法》第六十四条就明确规定"一人有限责任公司的股东不能证明公司财产独立于股东自己财产的，应当对公司债务承担连带责任"。

3. "影子"公司。出于种种原因，公司的实际出资人与公司登记股东不一致。登记股东相当于实际出资人的"影子"。这种公司在"身子"与"影子"因为情势变更不再默契的时候，往往会出现外部责任承担和内部利益分配方面的纠纷和法律风险。

4. 不规范的所谓"集团公司"。企业家在具备一定的实力后，因为种种因

素的考虑，开始朝集团化方向发展，但是没有注意企业集团组织的规范化，没有在法律上确立"集团"成员之间的资金、财务、人事、业务等等关系，导致"集团"人格的虚化，甚至"集团"成员管理的混乱，进而对"集团"核心企业造成重大不良影响。

5. 不规范的"联营企业"。中小企业解决资金需求的一个常见办法就是拉朋友或其他公司合作联营，但是他人因不了解或不放心企业的前景，不愿意承担经营风险，于是公司老板就许诺对方，只要投资做公司股东，可以按照固定比例收取收益，不参与经营，也不承担公司经营风险和其他债务。这在法律上会被定性"名为联营实为借贷"，因为我国法律不允许企业之间的借贷，届时将导致行为无效的后果；而同时，当公司出现双方意料之外的亏损或赢利的时候，为亏损的承担和利润的享受，往往产生纠纷。

6. 公司注册资本瑕疵。公司设立时，为了体现"实力"，有些企业家往往希望放大注册资本，可因为资金不足或考虑公司业务一时不需要那么多资金，于是采用虚报注册资本或注册后抽逃出资的手段。则可能面临的法律风险可能是：填补出资、公司人格否定、构成犯罪等等。

7. 公司治理结构不科学、不规范。公司章程是公司的"宪法"，公司设立时就应在公司章程中明确设计好未来公司的治理结构。很多企业往往不重视公司章程设计，不重视公司治理结构，经营中往往出现小股东权益得不到保护，或者大股东良好的公司管理意图得不到贯彻，甚至陷入公司僵局等。

三、企业运营阶段容易出现的问题

企业作为市场主体，在复杂的市场环境中，无时无刻不面临各种各样的风险。中小企业投资人的风险意识和风险应对能力往往依赖于从自身的创业实践中积累；因为市场受各种经济的、社会的、政治的、文化的、风俗习惯等因素的影响，缺乏风险评估、管理、控制的规范，仅靠企业家个人的治理，必然难以避免应对不及的法律风险。实践中常发生的有如下风险。

1. 融资中的法律风险　企业经营中出现资金不足，是多数企业都会遇到的情形，常见的融资方式由银行借贷、民间借贷、股东追加投资、吸收新股东增资扩股、引进战略投资者、发行公司债券、上市融资（IPO 或增发股票）等。

资金借贷可能存在资金安排不当，不能按期还款，资金链断裂，导致信用危机等风险。不同的融资方式还存在不同的法律风险，一次融资在不同环节有不同法律风险。

比如银行借贷，可能陷入"高利转贷""违法发放贷款""贷款诈骗"及其他金融诈骗的法律风险黑洞；民间借贷，可能遭遇"非法吸收公众存款""集资诈骗"或其他金融凭证诈骗等法律风险；股东追加投资和吸收新股东增资扩股，也会遇到股权结构和治理结构调整，利益分配的约定等等问题；引进战略投资者对法律风险的评估与防范要求更高，否则，掉进法律陷阱，导致辛苦创业培养的企业控制权旁落，对企业家心理和利益方面的打击都可能是惨重的。发行公司债券和股票，国家有着规范和严格的规则和制度，对法律风险控制的要求极高，需要专业人士进行系统的规划和辅导。若无视这些规范和要求，则可能踩进"擅自发行股票、公司、企业债券罪"的泥坑。企业要做大做强免不了各种形式的融资或资本运作，在融资项目管理中注入法律风险管理的理念，对于法律风险的防范起着至关重要的作用。

2. 人力资源利用中的风险　进入 21 世纪，人力资源对企业发展的作用已凸显到异常重要的程度。但人力资源的引进、利用、培养、管理、淘汰整个过程中同样处处存在法律风险。比如，企业为了节约成本、缩短培养过程、迅速抢上新项目等，常常采用"挖墙脚"的方法引进高级人才，并直接利用这些人从原东家带来的技术资料等，这就可能遭遇被挖企业的索赔，或招致被挖企业的商业秘密、专利等侵权指控。反过来，辛辛苦苦或花大代价培养的人才无端流失，被挖墙脚，企业却不能得到应有的补偿，也是中小企业企业常遇到的风险。因为劳动关系，一个人具有了企业职工的身份，他的一些行为将由企业来承担其法律后果，因此，对职工的风险教育和行为约束不够，也会给企业带来不可预知的风险。比如职务行为侵权等。而劳资关系处理不当造成的法律风险更是平常。因此，人力资源管理同样需要注入法律风险管理的这一重要内容。

3. 市场交易中的法律风险　企业的发展靠的是不断发生的市场交易行为。不同的市场交易行为。需要确立不同的合同关系，不同的合同关系可能遭遇不同的法律陷阱。

事实上，企业最常遇到的法律纠纷就是合同纠纷。中小企业企业对于合同风险的意识相对来说还是较强的。但企业交易行为管理，绝不仅限于合同书本身的管理，一个合同关系既包含了作为主要权利义务界定标准的合同书，还包含着从订约谈判开始，直到合约履行完毕，乃至善后的持续过程。因此，交易行为的法律管理，实际上是一种过程管理。我们都知道，合同书中明确写明的合同义务必须履行，否则会遭到违约索赔；但对于"前合同义务""后合同义务"往往并不了解，也往往因此导致纠纷和损失。

中小企业企业家还有一个与法律管理相矛盾的传统观念，就是习惯于熟人圈子的交易，往往依赖个人信用关系进行交易。这样就带来两大风险：一是可能"知人知面不知心"，因为对人的认知错误，或者对方因情势变化而信用发生变化，导致"君子协定"和朋友关系一同被践踏；二是因为没有书面的对各自权利义务的具体约定，时间久了，双方对当初的细节问题产生误会，各自认知不同、理解不同，两个本来交情很好的交易伙伴和事业盟友因此发生纠纷。

因为市场准入制度的存在，很多交易行为还得考察交易对象的适格性，跟一个根本没有交易资格的人去交易，其风险可想而知。

4. 对外投资中的法律风险　现代企业除了依靠自身的生产和经营进行赢利外，实力较雄厚的企业还要进行对外投资，以便从进入其他赢利能力较强或发展前景较好的领域，分得其中一杯羹，或者通过投资控制别人已经建立良好基础的经济实体。

对外投资的方式很多，常见的有设立新的项目公司或经济实体、参股他人已设立的公司、并购他人控制的公司、收购其他公司的项目或资产、为别人提供融资等。

每一次对外投资都既是一个商业项目，也是一个法律项目。很多投资失败是因为缺乏项目法律管理或项目法律管理质量不高导致的。很多中小企业企业家认为，法律管理在项目中的作用就是草拟合同书，忽视了项目本身系统性、流程性的特点；正是因为这些特点，项目法律管理也是一项系统的、全流程的工作。

5. 行政管理方面的法律风险　企业是一个市场主体，也是一个行政管理法律主体，是行政管理的相对人。企业的各种市场行为、社会活动都要受到行政法律法规规章的管制；企业也因此具有各种行政法上的权利和义务。有权利义务的地方就有法律风险。

企业要满足工商行政管理的要求，在企业登记、企业经营、企业解散过程中，必须依法遵章行为，否则就产生法律风险，招致行政处罚等不同法律后果。比如虚假出资、抽逃出资，这是很多中小企业实际存在的问题，如没有出资前对出资的规划和出资后对资金的合法运作，企业极易踩入雷区，而一旦雷炸，轻则工商行政罚款，重则构成犯罪。

企业是纳税人，必须依法纳税；但有人戏称：中国中小企业十家至少有九家存在税务问题。这又是一个可怕的地雷，埋在那儿，你不知道什么时候爆炸。而一旦爆炸，往往致命。

安全生产管理在这些年可谓风暴频行，但每年依然不断出现安全事故，于职工生命、于企业利润都是极大风险。很多的真实案例依然鲜血淋漓在眼前。

企业的产品质量风险更无须多说，三鹿奶粉事件一夜之间让一家巨型企业承受灭顶之灾，还几乎毁掉一个行业。国家对产品质量监督管理也将更加严苛。

还有环保问题可能导致的索赔、处罚，等等。

政府管理部门现在强调依法行政，依法管理。很多中小企业企业家还抱着过去那种注重跟政府官员关系，不注重合法合规经营的观念，就会给自己的企业埋下各种法律风险的隐患。

6. 企业知识产权常见法律问题　国内除了像海尔、北大方正等极少数企业对知识产权有比较系统规范的管理外，绝大多数企业还没有认识到知识产权管理的重要性，更谈不上从战略上进行规划，企业关注的仍是有形资产的管理。

1996 年 5 月，中国专利局对 7 省市的调查发现，每个大中型企业每年科研成果超过百项，但申请专利的却寥寥无几。北京大学刘剑文博士组织的调查表明，北京市仅有 21.6％的高新技术企业"已制定"或"正在考虑制定"本企业的知识产权战略，大部分企业都处于未制定的状态。

没有专利战略，就不能保证科研开发的各个环节，包括选项、立项、专利申请规模、专利保护及其策略和产业化顺利进行。许多企业不知道对专利文献的利用，很少进行专利文献检索，造成低水平重复研究。由于缺乏战略高度的规划，许多企业成果只申请了中国专利而造成技术流失，专利申请后利用率很低，产业化、商品化程度低。此外，还很容易导致陷入专利"陷阱"与"雷区"，侵犯了别人的专利权，不仅要支付高额赔偿，甚至导致企业破产。深圳市某厂的产品属荷兰菲利浦公司在中国获权的专利保护范围，被诉侵权，不但自行销毁了模具和侵权产品，还要支付巨额赔款。

任务二　如何规避现代农业创业风险

创业总要有不确定性，有带来较大损失的可能性，那为什么还有不少农民全力投入创业呢？从根本上讲，主要是市场上风险与盈利往往是联系在一起的。传统的农业经营风险小，但盈利也小。现代农业创业风险较大，但其效率高，一旦成功，盈利高，能够促进企业的发展，带来人们生产和生活水平的根本改变。因此，创业者需要了解风险，认识风险，同时也要不畏风险，还要采取有效的措施尽可能规避风险。

关于现代农业创业风险的种类在专题一任务三中已有讲解，这里不再赘述。如何规避现代农业创业风险，主要有如下措施：

一、投入保险

保险实际上是面临风险的人们通过保险人（保险公司）组织起来，从而使个人风险得以转移、分散，由保险人组织保险基金集中承担，当被保险人发生损失时，可从保险基金中获得补偿。换句话说，保险将"一人损失，大家分摊"，是实现"人人为我，我为人人"的一种社会互助形式。

农业保险是指专为农业生产者在从事种植业和养殖业生产过程中，对遭受自然灾害和意外事故所造成的经济损失提供保障的一种保险。

农业保险按农业种类不同可分为种植业保险、养殖业保险；按危险性质分为自然灾害损失保险、病虫害损失保险、疾病死亡保险、意外事故损失保险；按保险责任范围不同可分为基本责任险、综合责任险和一切险；按赔付办法不同可分为种植业损失险和收获险。

我国农业保险主要险种有：养殖业如生猪保险、养鸡保险、养鸭保险、牲畜保险、奶牛保险、耕牛保险、山羊保险、淡水养殖保险、养鹿保险等；种植业如水稻保险、蔬菜保险、林木保险、水果收获保险、西瓜收获保险、小麦保险、油菜保险、棉花保险、烤烟保险等。此外还包括农机交强险等。

二、用足优惠的农业政策资源

在一定程度上农业政策具有公共产品的性质，利用好农业政策平台是农业创业者必走的"捷径"。近年来，我国按照"多予、少取、放活"的方针，出台多项农业政策，如专项资金扶持政策、保险政策、补贴政策等，具体包括农作物保险、能繁母猪保险、粮食直补、农资综合直补、水稻良种推广补贴、油菜良种推广补贴、大型农机具购置补贴等政策。

三、成立农民专业合作经济组织

在激烈的市场竞争中，农业是一个弱势产业，农民是一个弱势群体，为了降低生产成本，提高盈利水平，就需要通过合作联合起来，借助外部交易规模的扩大，节约交易成本，提高在市场竞争中的地位。同时，还可通过扩大经营规模，提高机械设备等的利用率，寻求规模效益，规模的扩大可带动地方经济的倍增效应，市场的运作者可以在更大范围内稳定农产品的价格，争取市场谈判的主动权。农业合作经济组织按照合作的领域可以分为生产合作、流通合作、信用合作和其他合作，提高千家万户的小生产者在千变万化的大市场中的竞争能力和经济效益。

目前运作比较成功的模式——"公司＋农户"模式，是一种化解农户市场风险的组织制度创新。农产品的市场化运作使由农产品自然秉性带来的价格波动得到了一定的制约。单个农户的市场风险通过一体化企业的统一加工、集中销售，得到大幅减小。在行情不看好的情况下，由公司承担全部的市场风险，农户只要抓好生产就可以得到稳定的收入。所以，目前"公司＋农户"的模式值得农业创业者去体验。

四、寻求与知名企业的市场协同

协同是指各方面相互配合、协助完成某项事情。企业通过市场协同可以实现低成本、高效益运作，从而降低风险。协同效应就是指企业之间在生产、营销、管理等环节，从不同方面共同利用同一资源而产生的整体效应；俗话说"一根筷子轻轻被折断，十双筷子牢牢抱成团"，企业善于通过市场协同作用达到扩大规模、开拓市场、降低经营成本和经营风险的目的，延长企业的寿命。目前常见的企业协同大多为市场协同。市场协同的主要表现形式有：品牌租用，品牌延伸，品牌扩展等。

五、走可持续的发展道路

农业企业的可持续发展表现为经营活动中若干生产要素的发展，从整体的角度表现为应当持续盈利（在一段时间内总体盈利），通过外在技术（人员）的"内化"过程，"渐进式"地实现企业由量变到质变的过程，以更好地抵御技术风险。

在农业技术不断创新的今天，许多经营企业为了缩短技术的经济效益时段，以雇用（租赁）的方式从其他地方借来技术，由于忽视了技术的"内化"过程，产生"水土不服"的应用风险。

农业创业者在利用外来技术时，需要树立可持续发展的战略意识，对引进的技术采取以下措施规避技术风险：一是"本土化"，结合当地的农业生产的水、肥、气等自然条件，有选择性地加以利用；二是技术租用渠道正规化，聘用专家时通过正规渠道是一种规避风险的办法；三是不断"充电"，做好"技术的储备"，作为创业者需要对新技术、新工艺加强学习，给自己的头脑"充电"，让企业"固本强基"，把劣势转化为优势，使企业走可持续发展的道路。

六、走多元化的发展道路

多元化的发展战略措施是指充分利用生产和加工相关程度较低的农业和农副产品以分散风险。通过进行投资组合，达到在相同期望收益情形下组合风险最小或相同组合风险情形下期望收益最大的目的。

七、走一体化的发展道路

一体化就是延长农业产业链的经营模式，在农业的经营过程中，将整个农业生产过程分为产前、产中和产后 3 个环节，将不同类型风险在整个链条中进行分解，通过明确不同环节的主要风险类型及其作用机制，寻求不同的管理方式，实现降低农业企业风险的目的。

在养殖产业中许多农业生产合作社的经营就是一体化的发展模式，经营主体由于能够集中经营，统一标准，统一组织实施，其技术成本就比单个农户要小得多。而农业一体化经营企业通过市场调研，选准具有开发潜力的技术，在成本最小化的前提下进行科学的开发。农业企业要有精通农业技术应用过程的专业人员，以帮助农民解决农业技术应用过程中的各种问题，从而使农业技术的风险降低到足够小的程度。

例如，建立基地养殖户联合体，可以为当地群众提供品种改良、生产技术、科技普及、加工销售等"一条龙"式的服务。其优势是可以把原来的"多（生产者）多（购买者）"交易变成了"一（公司）多（农户）"交易，可以实现"自助"服务，不受外部供应商的控制。基地养殖户通过联合经营、共同服务而形成的利益共同体，可以推动当地养殖业向良种化、规模化、产业化方向发展。

八、防范和减轻风险的其他措施

（1）调查采购方的信誉。特别是进行大宗交易时应调查对方信誉以确保安全。创业者可以根据对方经营时间的长短建立自己的经营策略。

（2）使用法律手段保护自己的合法权益。就是通过签订经济合同来保护自己的权益。只要签订了购销合同，哪怕客户赖账，也可以按照经济合同中的约定进行索要，若仍遭拒绝，经济合同在法庭上就是最好的证据，可做到举证有效。

（3）先拣"西瓜"，后拣"芝麻"。真正的企业家并不是风险的追逐者，而是希望捕获所有的回报、将风险留给别人的人。在发展产品的时候既不能"单打一"，也不能把企业所有盈利空间寄托在一种产品上面。在理财界有一条"定律"：不要把鸡蛋都放在同一个篮子里（进行分散投资以规避投资风险，获取较好的回报）。所以，在农业企业成长的过程中，发展系列化产品组合很有必要。

农产品的系列组合发展时不能"眉毛胡子一把抓"。首先，先拣"西瓜"，就是抓关键，把"厚利产品"作为重点，进行重点发展；其次，后拣"芝麻"，就是培育"明星产品"市场成长性好的产品，使其尽快成长为"厚利产品"，同时要善于淘汰"鸡肋产品"（不盈利但占用较多资源的产品）。

（4）控制交易进程，保持非饱和的"金鱼效应"。保持循序渐进就是遵循可持续发展的原则；把市场做成"非饱和"状态。有的人形容经营市场就像饲养金鱼，金鱼不会被饿死，但如果投食量过大会被"撑死"，这就是"金鱼效应"。市场也一样，如果短时间过量供货，会造成价格下跌，市场陷入"疲软"状态。因此，农业创业者在经营过程中要坚持长远的经营眼光，只有保持循序渐进才能更好地发展。

总之，农业企业经营风险具有客观性、多样性和隐含性，农业企业经营主体应针对不同风险，采取不同措施，有效地化解和规避风险。同时更需要针对风险因素进行系统分析，采取综合预防措施控制风险，将风险转化为机会，这对于增强农业企业经营的运营效率和化解、规避风险至关重要。

任务三　制定企业风险应对的预案

一、现代农业创业风险应对预案概述

预案即预备方案，是指根据评估分析或经验，对潜在的或可能发生的突发事件的类别和影响程度而事先制定的应急处置方案。对于现代农业创业者来说，现代农业创业的自然风险和市场风险更为突出，因此其风险防范意识丝毫不可松懈，特别是应该做到未雨绸缪，针对创业中潜在的而且发生可能性比较大的事件，要制定切实可行的应对预案，以免在风险发生时手忙脚乱或者束手无策，减少因被动而出现的损失。

二、现代农业创业风险应对预案的主要内容

现代农业创业风险应对预案，属于企业重大事件应急预案，其主要内容可参照 2004 年国务院办公厅发布的《国务院有关部门和单位制定和修订突发公共事件应急预案框架指南》的要求进行编制。主要内容如下。

1. 总则　说明编制预案的目的、工作原则、编制依据、适用范围等。

2. 组织指挥体系及职责　明确各组织机构的职责、权利和义务，以突发事件应急响应全过程为主线，明确事件发生、报警、响应、结束、善后处理处置等环节的主管部门与协作部门；以应急准备及保障机构为支线，明确各参与部门的职责。

3. 预警和预防机制　包括信息监测与报告，预警预防行动，预警支持系统，预警级别（一般分一般、较大、重大、特别重大四级）及发布。

4. 应急响应 包括分级响应程序，信息共享和处理，通讯，指挥和协调，紧急处置，应急人员的安全防护，群众的安全防护，社会力量动员与参与，事故调查分析、检测与后果评估，新闻报道，应急结束等要素。

5. 后期处置 包括善后处置、救助、保险、事故调查报告和经验教训总结及改进建议。

6. 保障措施 包括通信与信息保障，应急支援与装备保障，技术储备与保障，宣传、培训和演习，监督检查等。

7. 附则 包括有关术语、定义，预案管理与更新，沟通与协作，奖励与责任，制定与解释部门，预案实施或生效时间等。

8. 附录 包括相关的应急预案、预案总体目录、分预案目录、各种规范化格式文本，相关机构和人员通讯录等。

现代农业创业风险应对预案因其涉及范围小，可在以上有关内容中根据当地情况和创业项目的特点有所取舍，以突出重点，有的放矢。

三、制定现代农业创业风险应对预案的原则

应对预案要明确在突发事件发生之前、发生过程中，以及刚刚结束之后，谁负责做什么、何时做、相应的策略和资源准备等。它是针对可能发生的重大事件及其影响和后果严重程度，为应急准备和应急响应的各个方面所预先作出的详细安排，是开展及时、有序和有效救援工作的行动指南。因此，制定现代农业创业风险应对预案应遵循以下原则。

（1）应明确应急救援的范围和体系，使应对准备和应对管理不再是无据可依、无章可循，尤其是培训和演习工作的开展。

（2）要有利于作出及时的应急响应，降低事件后果。

（3）可通过编制基本应对预案，以保证应对预案足够的灵活性，对那些事先无法预料到的突发事件或事故，也可以起到基本的应急指导作用，成为开展应急救援的"底线"。在此基础上，可以针对特定危害编制专项应对预案，有针对性地制定应对措施，进行专项应对准备和演习。

（4）要在发生超过应对能力的重大事件时，积极与上级应急部门进行沟通和协调，借助外部力量，尽可能减少损失。

（5）要强化风险防范意识。

【延伸阅读】

企业应急（应对）预案的结构与写法
预案，从文种性质来看，它属于工作计划的一类，但具有"方案"的专一性、专业性、周密性、时限集中性等要求，属于应用写作研究的范畴。

现实中预案通常形成以下较为固定的结构模式和写法：

1. 标题 采用公文式标题写法，如××企业风险应急（应对）预案。

2. 前言 分析预案所针对的风险有关的种种现实状态，再结合上级的指示，本企业的经营理念等，提出预案的总任务、目标。前言须文字精练，高度概括，不要写得繁琐、冗长，不可喧宾夺主。

3. 主体

（1）指导思想。这部分强调制订、执行此预案的重要性、必要性和总的原则与理念。这是不可或缺的重要内容，只有认识上提高了、统一了，全公司上下才能行动上重视和统一，拧成一股绳，确保预案实施的力度和效果。

（2）组织架构。这部分是将有限的人力合理分工配置，只有组织架构清晰，才能确保分工到人，责任明确，同时亦要注意分工中的合作，走活一盘棋。

（3）信息网络。这亦是预案的重要内容，包括与政府及有关部门横向联系的方式与责任人，也包括企业内部紧急状态下的联系方式。如内容较多，可只在正文部分简述，将具体的人员名单、电话号码、单位、地址等作为附件列后。

（4）具体任务、措施和步骤。这部分是预案的实质性核心部分，通常是将保护单位划分成若干责任区，每一责任区形成一个章节，各自围绕任务、措施、步骤分别阐述。

4. 结尾 可再次强调执行此预案的希望和要求，呼应前文，总结全文。另外，俗话说："计划不如变化快"，在强调执行此预案的规定性的同时，也应在结尾指出，对于预案没有预计到的情况、问题，执行者要发挥才智，灵活应对，同时对应急（应对）预案也应有所了解。

5. 附件 前文已经阐述，预案的写作通常带有附件。对于那些简单的、同质性的文字部分、各种数据、区域分布情况等，应设计成各种图表作为插图（表）或附图（表）。

（资料改编自：http：//baike.baidu.com/）

任务四　农业保险

一、农业保险的概念和特点

农业保险不同于农村保险。农村保险是一个地域性的概念，是指在农村范围内所举办的各种保险。农业保险，又称"两业保险"，是承保农业生产者和经营者在种植业和养殖业生产过程中因自然灾害和意外事故所造成的经济损失的一种财产保险。

由于农业生产在很大程度上受自然因素的影响，与其他保险相比，农业保险具有以下特点。

1.地域性　各种有生命的动植物的生长和发育都要具备严格的自然条件，然而由于各地区的地形、气候、土壤等自然条件不同，再加上社会经济、生产条件、技术水平的不同，形成了动植物地域性的不同，从而决定了农业保险只能根据各地区的实际情况确定承保条件，而不应该强求全国统一。

2.季节性　由于动植物生长受自然因素制约，具有明显的季节性，这就要求农业保险在整个业务操作过程中，必须对动植物的生物学特性和自然生态环境有正确的认识，掌握农业保险各种保险标的的特点。

3.连续性　动植物在成长过程中，是紧密相连不能中断的，并且是互相影响和互相制约的，因而，农业保险具有连续性。因此，农业保险的经营者要考虑动植物生长的连续性，要有全面和长期的观点，使农业保险业务稳步发展。

4.政策性　由于农业保险具有上述特点，加之农村经济发展水平的不平衡，被保险人交费能力普遍有限。为了保障农业生产的稳定，促进农村经济发展，许多国家都把农业保险作为政策性保险业务。

二、农业保险的分类

（一）种植业保险

种植业通常是指栽培植物以获取产品的生产行业。广义的种植业包括农作物栽培和林果生产两部分。种植业生产是人类生活资料的基本来源，生产的粮食、油料、糖料、蔬菜及木材和果品等，有的作为生活资料，有的作为工业原料。种植业生产是在土地上利用天然的光、热、水、气条件，通过植物生长机能去转化能量而获得产品，所以，种植业深受大自然中气象害的影响，以及病虫害和火灾等意外事故的威胁。种植业保险，作为一种分散风险并能在灾后及时提供经济补偿的风险管理手段，越来越被人们所认识，也发挥出越来越大的作用。种植业保险一般包括农作物保险和林木保险两大类。

1.农作物保险　农作物是指人工栽培的植物，包括粮食作物、经济作物、绿肥和饲料作物等。按上述农作物的不同生长阶段，农作物保险又可具体分为生长期农作物保险和收获期农作物保险。

（1）生长期农作物保险。生长期农作物保险是以发苗至收获前处在生长过程中的农作物为保险标的的保险。目前，我国开办的生长期农作物保险有：小麦种植保险、水稻种植保险、玉米种植保险、棉花种植保险、烟叶种植保险、甘蔗种植保险等。

（2）收获期农作物保险。收获期农作物保险是承保农作物收获后在进行晾晒、轧打、脱粒和烘烤加工过程中，因遭受水灾、洪水、暴风雨等灾害而造成农作物产品损失的一种保险，如麦场夏粮火灾保险、烤烟水灾保险等。

2. 林木保险　林木保险的保险标的主要是指人工栽培的人工林和人工栽培的果木林两大类。原始林或自然林不属于保险标的范围。

（1）林木保险。林木在生长期遇到的灾害有火灾、虫灾、风灾、雪灾、洪水等，其中火灾是森林的主要灾害。目前，我国只承保单一的火灾责任，今后将会逐步扩大保险责任范围。林木保险可以根据未来的生长期确定保险期限，也可以按 1 年定期承保，到期续保。

（2）果树保险。果树保险根据承保地区主要树种的自然灾害选择单项灾害或伴发性的灾害作为保险责任，对于果树的病虫害一般不予承保。果树保险一般可分为果树产量保险和果树死亡保险两种。果树产量保险只保果树的盛果期，初果期和衰老期一般不予承保；保险期限是从出果时起到果实达到可采成熟时止。果树死亡保险的保险期限多以 1 年期为限。

（二）养殖业保险

养殖业是利用动物的生理机能，通过人工养殖以取得畜禽产品和水产品的生产行业。由于养殖业的劳动对象是有生命的动物，它们在生产过程中具有移位和游动的特点，因此，在利用自然力方面，比种植业有较大的灵活性。但是，养殖业也受到自然灾害和意外事故的影响，尤其受到疾病死亡的严重威胁。养殖业保险，是以有生命的动物为保险标的，在投保人支付一定的保险费后，对被保险人在饲养期间遭受保险责任范围内的自然灾害、意外事故所引起的损失给予补偿。这是一种对养殖业风险进行科学管理的最好形式。一般把养殖业保险分为畜禽养殖保险和水产养殖保险两大类。

1. 畜禽养殖保险　畜禽养殖保险是以人工养殖的牲畜和家禽为保险对象的养殖保险。在畜禽养殖保险中，根据保险标的的特点，又可分为牲畜保险和家禽保险。

（1）牲畜保险。牲畜在饲养过程中，面临的灾害风险较大，如疾病、自然灾害或意外事故造成的死亡或伤残。牲畜保险一般根据不同牲畜的饲养风险，选择几种主要的传染病，再加上部分自然灾害和意外事故作为保险责任。但要尽量避免承保与人为因素密切相关的风险。

（2）家禽保险。家禽保险是指为经人们长期驯化培育，可以提供肉、蛋、羽绒等产品或其他用途的禽类提供的一种保险。由于家禽在饲养过程中一般采取高密度的规模养殖方式，因此，承保责任以疾病、自然灾害和意外事故等综合责任为主。

2. 水产养殖保险　水产养殖保险是指对利用水域进行人工养殖的水产物因遭受自然灾害和意外事故而造成经济损失时，提供经济补偿的一种保险。从水产养殖的水域环境条件来分，主要有淡水养殖保险和海水养殖保险两大类。

（1）淡水养殖保险。淡水养殖保险的保险标的主要有鱼、河蚌、珍珠等。淡水养殖保险主要承保因自然灾害或非人为因素造成意外事故所致保险标的的死亡，对因疾病引起的死亡一般不予承保。

（2）海水养殖保险。海水养殖保险是指为利用海水资源进行人工养殖者提供的一种保险。目前，开办的海水养殖保险有对虾养殖保险、扇贝养殖保险等。海水养殖主要集中在沿海地区的浅海和滩涂，因此面临的风险主要是台风、海啸、异常海潮、海水淡化或海水污染等造成保险标的的流失或死亡。海水养殖保险的保险责任主要是自然灾害造成的流失、缺氧浮头死亡等，对疾病、死亡风险一般需特约承保。

三、2016年农业保险补贴政策解读

最近，农业部、财政部和保监会联合发布《关于进一步完善中央财政型保险产品政策拟订工作的通知》，要求农业保险提供机构对种植业保险及能繁母猪、生猪、奶牛等按头（只）保险的大牲畜保险条款中不得设置绝对免赔。同时，要依据不同品种的风险状况及民政、农业部门的相关规定，科学合理地设置相对免赔。下面，我们就来为您解读这些政策：

1. 什么是绝对免赔额　假如说您购买的是玉米保险，最高赔偿额是500元每亩，保险公司设置的绝对免赔额是50元，也就是说如果您的损失在50元以内，保险公司有权拒绝赔偿。只有损失在50～500元之内，保险公司才会予以赔偿。而现在取消绝对免赔额之后，意味着同样的保费，你将可以得到更多的赔偿。

2. 国家如何补贴保费　我国领土面积大，全国各地农业发展的优势和所面临的风险也不尽相同，比如海南受台风影响较大，西南地区受泥石流等灾害较多，中原地区受干旱灾害较多……也导致各省农业保险的品种、范围、保费以及金额都不一样。

3. 购买和理赔的方式　在自愿的基础上签订合同。以村为单位统一投保，投保单位与承保公司签订保险合同。村里没有统一投保的，投保农户与承保公司签订保险合同，投保人应及时缴纳应承担的保费。保险合同须按品种（小麦、玉米、棉花等）签署，保费须按品种缴纳。投保农户不缴费，财政不补贴。

定损理赔农户如在合同期内发生了灾害，首先要及时通知所在村协保员或镇（区）三农保险服务站，由镇（区）、村协保员把受灾情况核实后报送保险机构；其次要保护好受灾现场，未经保险公司允许，不能随意对灾害现场进行处理；随后，保险机构和政府相关部门将联合对受灾情况进行查勘定损，保险公司将根据规定进行理赔公示，无异议后向受灾农户发放赔款。

争议处理：农户或农业生产经营组织与农业保险经办机构因保险事宜发生争议，可通过自行协商解决，也可向当地政策性农业保险工作机构或政府申请调解；如调解无法达成一致，可申请仲裁或向当地人民法院提起诉讼。

4. 需要注意的问题

（1）在投保前，须详细了解保费补贴政策、投保单上的重要提示和保险条款；同时，投保单必须由投保人亲自填写，集体投保的被保险人要在投保农户清单上签字确认；另外，投保后，必须妥善保管好保险单和发票。

（2）投保者如实填报姓名、保险的作物、面积、身份证。

【模块小结】

保护农业企业的合法权利，是你作为一个未来农业企业主的责任和义务。为此，你需要了解与企业开办、经营相关的法律法规，明确企业的法律责任，通过参加农业保险以减少企业的经营风险。

7 模块七

增加你的农业企业收益的途径

【学习目标】

    1. 掌握降低成本的方法。

    2. 打造优质的农产品品牌。

    3. 拓展多种营销渠道。

    4. 了解现行的强农、惠农、富农政策。

【任务描述】

    开办企业不是目的，成功经营企业，获得利润，创造经济效益才是我们的最终目的。农业创业者要时刻重视提高所创办企业的收益，毫不懈怠。通过本专题的学习，我们要掌握如何降低所创办的企业成本开支、打造优质农产品品牌、拓展销售渠道的途径和方法，同时要对我国现行的强农、惠农、富农政策有所了解。

【案例导入】

我们不卖花，我们只是人类情感的搬运工

    Rosetome 高端品牌花店，甄选世界顶级玫瑰，只为最深爱意表达。注重产品质量，甄选厄瓜多尔玫瑰，花头大、花型好、花色正、花期长。致力于把全世界最好的玫瑰带到中国，分享给更多人。在这个移动互联网时代，是什么让这家 90 后年轻人创办的花店能够与 Roseonly 和野兽派在市场上同台竞争，并能分得一杯羹呢？

"不务正业"的大学时光

    Rosetome 创始人欧阳耀春从一开始就知道自己要什么。

    大学的时候，几乎不可能在宿舍找到他，不过，他也没有在教室或图书馆安心自习。因为他清楚地知道做一个学霸并不是自己要走的路，所以他把更多的精力投入到社会实践、提高综合素质上，要么是在做校园代理，要么在兼职，要么在带领社团活动。

    同样是被苹果砸到，牛顿就发现了万有引力；同样是用吹风机吹个头发，欧阳就吹出了商机。大学宿舍限电，连吹风机都没法用，这让颇为注意形象的

欧阳很是苦恼，于是他买了交换电流的插座，却意外地发现这东西功能竟十分强大，插上它之后连锅都可以用，都能在寝室做饭了。这让欧阳看到了需求和市场，于是当机立断购进了一批货在校园里卖了起来。短短一周的时间，他就挣到了几千块钱。

人生没有死胡同

没有创业会是一帆风顺的，Rosetome 的成长也不例外。刚刚组建团队雏形那会儿，欧阳还在华硕工作，其他的伙伴也有两个在工作，还有一个在读研，把 Rosetome 的经营当作副业。团队内部甚至曾因为认知不统一有过争执，使得这个项目差一点死掉。

直到 2014 年 2 月，欧阳才辞掉华硕的工作，开始全心全意地经营 Rosetome。那年的情人节，他们的官网来了十多万的订单，可是却因为负责进货的工作人员没有提前预订而面临拿不到花的窘境。接到这个消息的时候欧阳还在老家过年，春节假期一结束，他立马回到了北京，给供应商打电话，亲自去苗圃找高层负责人，求他们给自己留一点货。结果不出一个礼拜，货源的问题就解决了。这次化险为夷，欧阳说靠的是运气和态度。因为他待人接物真诚的态度，供应商才会答应留货给他，他底下的员工才会一心一意地跟着他熬夜干活到两三点不休息。像这样猝不及防的问题还有很多，比如没有场地，人手不够……不过欧阳总能找到出路，比如人手不够的，找大学生做兼职。当年以为的那些绝路，如今回想起来都是风景。那些困难痛苦焦虑，对如今的欧阳来说都是可以笑着讲述的回忆。

Rosetome 的制胜之道

在 Rosetome 网站上订购过客户都能感受到它的贴心服务，每一个细节都为客户考虑。比如，客户下单一小时内就会有电话回访，并会根据客户需要收到鲜花的日期和顺丰空运的快递时效，计算好最佳的发货时间；鲜花打包好之后，客服会拍照发给客户，并告知即将发货；到货后会第一时间致电收花人如何养护等，还会电话告知买花人，花儿已经被签收，收花人很开心。所有这些都是与客户主动的沟通，是用心的体现。

不同于 Roseonly 的靠"天价玫瑰＋大牌明星"的营销方式，Rosetome 没有能力投入巨额的广告费，更多的是靠服务和质量。Rosetome 的玫瑰花，全部来自于厄瓜多尔，花秆粗、长、直；花头大，花型好，花色正，花期长。一朵红色玫瑰的花瓣达到 35 瓣以上，其品质不得不说是绝佳。

欧阳耀春说："对于 Rosetome 而言，我们更希望品牌可以去掉那些噱头，专注产品，专注服务，回归到玫瑰传递情感的本质，毕竟这才是客户真正在意的，而互联网精神真正的出发点就是用户至上。"

【案例分析】

酒香也怕巷子深——农产品的销售是困扰农户和农业企业的一道难题。如何拓展营销渠道、勇敢面对互联网＋农业的挑战，打好"电商牌"，打造农产品品牌，提高产品的附加值，应该引起农业创业者的高度重视。

任务一 努力降低成本

提高现代农业创业的经济效益，主要有以下途径。

一、降低采购成本

在采购设备、原材料和分包服务的过程中，必须清楚地界定出特定的需要，并且还要找到最低的价格和最具竞争力的供应商。在现实的项目采购操作中，要实现这两个"最"字的目标是十分不容易的。但是，要通过对采购管理中部分环节的控制，来有效降低采购成本，从而使有限的创业资金达到最优的配置，用有限的资金获取尽可能多的资源，这是创业中实现效益目标的重要途径之一。

在成本构成中，原材料成本往往占比较大，降低材料成本会对企业产生较大的效益。原材料成本是由价格和消耗量共同构成的，因而有效地降低采购价格是降低成本的又一重要途径。在市场经济条件下，国家除了对极少数关系到国计民生的产品价格进行控制外，其他绝大多数产品的价格都是由市场供求关系调节。因此，同一材料在不同地域、不同商家都可能有不同价格。如何通过"货比三家"取得较好质量、较低价格的原材料，这是创业者和企业采购部门在降低成本中的的永恒课题。

二、节约生产费用

创业者若想要企业赢利，就要不断探寻降低生产费用的有效措施。不同企业的管理制度和实际情况虽然有所不同，但其都应遵循以下基本的原则：降低生产费用应该满足法律的相关要求；不能为了降低生产费用而忽视社会效益；也不能偷工减料放弃质量；降低生产费用还要注意生产安全，不能因为节约费用而忽视必要的安全防范措施；同时，降低生产费用也不应忽视员工的基本利益，如社会保险等。否则，只会适得其反。节约生产费用，一是应从优化产品设计方案入手，降低产品的综合成本，即在设计方面，要在保证产品性能、质量达到优良的前提下，使生产费用适中或较低，以节省制造成本，提高经济效益；二是要制定先进的材料、能源消耗定额，防止生产过程中的浪费，即对于可比产品可根据产品设计和以往的经验数据制定合理的原材料和能源消耗定额，作为对实际消耗进行考核和分析的依据。有很多本来效益很好的企业，当市场竞争激烈后，经不住市场价格下滑的考验，除资金周转不灵等财务因素外，很大程度上由于长期忽视降低生产费用的工作，致使企业生产成本高居不下，造成企业无法在市场价格下降后继续生存而破产。

三、减少人员费用

一般的情况下，很多人一想到减少人员费用、降低人力成本支出，首先想到的是以降低工资，或干脆删减必需的福利成本，再就是想到裁减员工，这都是舍本逐末、杀鸡取卵的做法，不但不能从根本上解决企业的生存和竞争压力，而且还有可能导致企业走向内外交困的局面。实际上，这些做法并不一定能够降低企业人力成本，相反还会给企业带来更大的人力成本损失。事实上，这是根本没有彻底弄清楚人力成本的真正内涵所致。降低人力成本并不是简单地降低所支付的人力价格，不是简单地砍掉一些必要的人力成本，而是要最大限度地降低无效成本，提高人力成本率。实际上，人力成本率和无效成本与企业的组织架构、工作流程、工作质量与绩效、薪酬设计、人员组合、业务优势、员工素质等紧密关联，降低人力成本的有效策略必须从这些方面入手。一般来说，减少人员费用，应该主要着眼于以下四方面：一是不需要的职能、工作或程序上的人员；二是需要但工作量不饱满的富余的人员或时间；三是成本投入与绩效产出比较低的人员；四是招聘费用和工伤费用高的人员。总而言之，如何有效地控制人力成本，是企业人力资源管理的重要内容，这是因为人力成本过高会影响企业在其他方面如技术上的投入，成本太低及人工成本支付不足往往又很难吸引人才的加入而最终形成对企业发展的羁绊。

四、加快资金周转

资金短缺、不足和周转不畅已是企业中十分突出的矛盾和问题，严重制约着企业生产经营活动的正常进行，也会危及企业的发展，是创业者关注和重视的一个重要问题。资金是企业进行生产经营活动最基本的条件，加速资金周转、节约资金占用是创业者的重要工作目标和重要工作任务。实际上，在企业营运资金循环的过程中，在不同阶段以不同的形式分别占压在原材料、应收账款、产成品等上面。资金周转速度快，会相对节约流动资产，等于相应地扩大了资产的投入，用相同的资金完成更大规模的生产，取得更好的经济效益。加快企业资金周转，一要加强对存货的管理，即要建立和完善存货管理制度、内部控制制度和适合企业自身发展需要的存货信息化管理系统；二要加强应收账款的管理，应尽量减少资金的在途时间；三要建立流动资金管理岗位责任制，调动企业各部门管好用好资金的积极性。

任务二　打造优质农产品品牌

一、什么是品牌

品牌简单地说是指消费者对产品及产品系列的认知程度。品牌是人们对一个企业及其产品、售后服务、文化价值的一种评价和认知，是一种信任。品牌已是一种商品综合品质的体现和代表，当人们想到某一品牌的同时总会和时尚、文化、价值联想到一起，企业在创品牌时不断地创造时尚，培育文化，随着企业的做强做大，不断从低附加值转向高附加值升级，向产品开发优势、产品质量优势、文化创新优势的高层次转变。当品牌文化被市场认可并接受后，品牌才产生其市场价值。

二、打造农产品优质品牌的途径

1. 重视质量安全　农产品（食品）质量安全，泛指农产品（食品）的可靠性、使用性和内在价值，包括在生产、贮存、流通和使用过程中形成、残存的营养、危害及外在特征因子，既有等级、规格、品质等特性要求，也有对人、环境的危害等级水平的要求。

为了推进农产品（食品）质量安全工作，政府有关部门推出了"三品一标"的品牌建设措施。"三品一标"是无公害农产品、绿色食品、有机农产品和农产品地理标志的统称，是政府主导的安全优质农产品公共品牌，是当前和今后一个时期农产品生产消费的主导产品，是农业发展进入新阶段的战略选择，是传统农业向现代农业转变的重要标志。

2. 突出品质差异　要创立农产品品牌，并使之形成名牌，需要建立农产品品质的差异。如果是同质的农产品，消费者就没有必要对其进行识别和挑选。一般来说，可以从以下几个方面来形成产品品质的差异：一是品种优化。不同的农产品品种，其品质有很大差异，主要表现在色泽、风味、香气、外观和口感上，这些直接影响消费者的需求偏好。在打造农产品品牌的实际活动中，农产品品种质量的差异主要根据人们的需求和农产品满足消费者的程度，即从实用性、营养性、食用性、安全性和经济性等方面来评判。二是生产区域优化。许多农产品种类及其品种具有生产的最佳区域。不同区域地理环境、土质，温湿度、日照等自然条件的差异，直接影响农产品品质的形成，许多农产品，即使是同一品种，在不同的区域其品质也相差很大。中国地域辽阔，横跨亚热带、温带和寒带，海拔高度差异也很大，各地区都能形成当地的名、特、优农产品。因此，因地制宜地开发当地名、优、特产品的生产，以创立当地的名牌农产品。三是生产方式优化。不同的农产品生产方式直接影响农产品品质；生产中采用不同的农业生产技术措施也直接影响产品质量，如播种时间、收获时间，以及灌溉、修剪、嫁接、生物激素等的应用，也会造成农产品品质的差异。四是营销方式优化。市场营销方式也是农产品品牌形成的重要方面，包括从识别目标市场的需求到让消费者感到满意的所有活动，如市场调研、市场细分、市场定位、市场促销、市场服务和品牌保护等。提高农产品营销能力，有助于扩大农产品品牌的影响，有助于提高农产品在市场上的地位和份额。所以，营销方式是农产品品牌发展的基础，而品牌的发展又进一步提高了农产品竞争力。

【典型案例】

褚 橙 传 奇

路过一家水果摊时，看见一条打着"褚时健种的冰糖橙"的横幅。出于好奇，王女士到水果摊和老板确认"种橙的褚时健"是不是就是"那个褚时健"。"褚时健的故事我曾听人八卦过，印象很深，当老板确认就是他的时候，我就买了点品尝，味道出乎意料的好。"

2002年，当巨大的荣耀和挫折都已经成为过去时，75岁的褚时健回到玉溪新平，这里有他近20年的记忆。

从20世纪60年代初来新平，到1979年调任玉溪卷烟厂厂长，在农场、畜牧场、糖厂工作多年的他，对这里的一草一木都熟悉得不能再熟悉了。

据媒体报道，出狱后，不少人来找褚时健做生意，有让他去烟厂当顾问的，有让他去搞矿的，开价都是几十万，但他衡量许久都没答应。

机缘巧合，哀牢山旁嘎洒附近的一个农场经营不善，要顶出去，褚时健便想着试试。这个农场原来种甘蔗和橙子，但因为水源、管理没有跟上，效益一直不好。回忆起往事，褚时健介绍说："我弟弟以前是搞水果业的，从他那里了解到中国水果行业的相关情况。美国的水果一直在世界前列，所以我不服气。我尝了很多冰糖橙，湖南的、国外的，感觉都还有不足。橙子含维生素多，吃了对身体有益，又容易存储，所以就下狠心种这个果子。"褚时健后来这样解释种橙子的原因。

75岁的褚时健踏上了二次创业之路，新平金泰果品有限公司成立了。公司的灵魂人物是褚时健，董事长是他的妻子马静芬。果苗从哪买，果树怎么栽，怎么施肥，所有这些都要从头学起。因为不懂，吃了不少亏，走了许多弯路。

橙子刚挂果时，褚时健年年都会遇到不同问题，这个没什么爱好的老人，买来有关果树种植的书，一本一本地看。

后来橙子不掉了，但口感淡而无味，这种果子褚时健不敢卖到市场上，怕砸了牌子。第二年，褚时健通过了解学习和技术人员改变了肥料配比方法，果然，口味一下就上来了。据说，这种用烟梗、鸡粪等调制的有机肥，成本虽只有200多元，效果却赶得上1 000元的化肥。为保证果园用肥质量，公司投资51万元专门建设了有机肥厂，按照生产需要定制配方专门生产。基本实现了肥料自给，从而减少了化学肥料使用量，降低了肥料投入成本，保证了果园土壤的改良、果树营养的供给和产品的质量。

"冰糖橙不是越甜越好，而是甜度和酸度维持在18∶1左右，这样的口感最适合中国人的习惯。"褚时健说。

几年后，名为"云冠"的冰糖橙上市，老两口在街头促销。只是，在过往行人眼里，这对老夫妻与其他的水果摊贩没有什么区别，包括他们叫卖的橙子。

当地冰糖橙品牌繁多，市场竞争很激烈，橙子怎么卖出去，成了一个大问题。后来，马静芬想打出一个"褚时健种的冰糖橙"的横幅。褚时健起初不同意，但马静芬坚持。结果，横幅一打出来，加上橙子的口味和品质，很快销售一空，"褚橙"的名字也被叫开了，"云冠"反被渐渐淡化。

（资料改编自：http://news.kunming.cn/news-pic/content/2012-11/30/content_3144916.htm）

【案例分析】

褚时健利用自己的"名人"效应打造的"褚橙"品牌农产品而使其获得了创业上的成功。实际上，褚时健的名声和人缘，是"褚橙"品牌价值的有机组成部分，但生产者在生产过程中的特殊心血也带来了无法估量的附加值。在云南以至国内，有品质支撑的"褚橙"基本就没做过多少宣传，这就是"品牌"的魅力。

3. 加强商标注册保护　　没有品牌，特色农产品就没有市场竞争力；没有品牌，特色农产品就不能卖出好价钱。商标是农产品的一个无形资产，对提升农产品品牌效益和附加值有着不可估量的作用。商标对很多人特别是农民朋友来说，也许是一个很空泛很抽象的概念。但它对农产品的实际意义和作用我们无法否认：它可以促进农业产业结构调整、提高农产品的市场知名度、占有率，加快农业产业化进程，增加农民收入。商标是商品生产者和经营者为使其产品与其他同类或相似产品相区别而附加在产品上的标记，它由文字、图形或其组合而成。由于商标具有辨别功能、广告功能和质量标示功能，所以商标已成为参与市场竞争的锐利武器。注册商标是农产品取得法律保护地位的唯一途径。没有法律地位的农产品终究要被他人侵蚀、淘汰。然而一旦名牌商标被他人抢注或冒用，不但商标价值大打折扣，更重要的是会损害名牌产品的形象，影响企业的声誉。因此，农产品生产企业在创立名牌的同时，应积极进行商标注册，使之得到法律的保护，获得使用品牌名称和品牌标记的专用权。

那么，该如何申请注册商标呢?《中华人民共和国商标法》规定，自然人、法人或者其他组织可以申请商标注册。因此，农村承包经营户、个体工商户均可以以自己的名义申请商标注册。申请注册的商标应当具有显著性，不得违反《中华人民共和国商标法》的规定，并不得与他人在先的权利相冲突。办理商标注册申请需要提交《商标注册申请书》、证明申请人身份的有效证件的复印件以及其他文件。申请人可以委托商标代理机构办理商标注册申请手续，也可以直接到国家工商行政管理总局商标局办理商标注册申请手续。

4. 强化服务意识　现在的企业竞争力不再是单纯的产品质量、性价比，后期服务以及服务质量已经起到了相对决定性的因素。产品品牌是公众对这个产品的认知度，服务是人们对生产厂家的服务态度的一个公认度。因此可以说，一个完整的产品品牌是由产品本身的品牌形象和围绕其建立起来的服务品牌构成的。

服务品牌不仅仅是后期的服务，它应该包括服务品牌理念、服务品牌行为、服务品牌形象、服务品牌传播、服务品牌管理等五大体系，具有服务模式、服务技术、服务质量、服务价格、服务文化、服务信誉、服务品牌等特征。一般来说，打造服务品牌的方式有：提炼服务品牌理念、建立服务品牌行为标准、梳理服务品牌形象、策划服务品牌传播等。

任务三　拓展多种营销渠道

农产品营销即农产品市场营销，是指在创造、沟通、传播和交换农产品的过程中，为顾客、客户、合作伙伴以及整个社会带来价值的一系列活动、过程和体系，即营销人员针对农产品市场所开展的经营与销售行为。对于现代农业创业者来说，重视农产品销售，应主要从以下几个方面着力。

一、市场细分

农产品市场细分就是根据农产品总体市场中不同购买者在需求特点、购买行为和购买习惯等方面的差异性，把农产品总体市场化分为若干个不同类型的购买者群体的过程。每个用户或消费者群就是一个细分市场，或称子市场。每一个细分市场都是由具有类似需求倾向的消费者构成的群体，分属于不同细分市场的消费者对同一农产品的需求与欲望存在明显的差异。

随着农产品的极大丰富及消费行为的多样化，消费者对农产品的需求、欲望、购买行为以及对农产品营销策略的反应等表现出很大的差异性，这种差异性使农产品市场细分成为可能。现代农业创业者为了求得生存与发展，要在竞争激烈的市场上站稳脚跟，就必须通过市场调研，根据消费者的需要与欲望、购买行为、购买习惯等方面的差异性，通过市场细分，发现市场机会。

农产品市场细分的依据是消费者需求的多样性、差异性。消费者对农产品的需求与偏好主要受地理因素、人口因素、心理因素、购买行为因素等方面的影响。因此，这些因素都可以作为农产品市场细分的依据。通过市场细分寻找到农产品的差异化，这是农产品市场细分的目的。任何一种农产品都不可能满足所有消费者的需求。研究和分析消费者需求和欲望的差异性，并据此把一个农产品市场细分为几个甚至多个更加专业化的市场，结合创业者自身的条件和优势，有针对性地选择一个或者多个适合自己的目标市场进行生产经营活动，这就是市场细分。市场细分能帮助创业者了解市场的各部分和客户群是类似的还是不同的，如果能比竞争对手做得更好，那么就可以成为一种竞争优势，就能赢得市场和效益。

二、市场定位

农产品的市场定位是对农产品所施行的市场定位行为，是指农业创业者根据竞争者现有产品在市场上所处的位置，针对消费者对该产品某种特征或属性的重视程度，强有力地塑造本企业产品与众不同的鲜明的个性或形象，并把这种形象生动地传递给顾客，从而确定该产品在市场中的适当位置的过程。农产品的市场定位是农业创业者通过为自己的农产品创造鲜明的特色和个性，从而在顾客心目中塑造出独特的形象和位置来实现的。这种特色和形象可以通过产品实体方面体现出来，也可以从消费者心理方面反映出来，还可以从价格、品牌、质量、档次及技术先进性等方面表现出来。

农产品市场定位的实质是取得目标市场的竞争优势，确定企业及其产品在顾客心目中的适当位置并留下值得购买的印象，以便吸引更多的顾客。因此，市场定位是创业者市场营销体系中的重要组成部分，对于提升企业市场形象，提高农产品市场竞争力具有重要意义。

农产品市场定位的实质是农业创业者取得在目标市场上竞争优势的过程。因此，市场定位的过程一般包括三个步骤，即明确自身潜在的竞争优势，选择相对的竞争优势，显示独特的竞争优势等。农产品市场定位的策略是指农产品生产经营者根据目标市场的情况，结合自己的条件确定竞争原则，通常有"针锋相对式""填空补缺式"和"另辟蹊径式"三大策略。

三、营销组合

农产品的营销组合即农产品市场营销组合，是指农业创业者为了销售农产品以实现营销目标和进入目标市场而对可控制的各种营销因素的综合运用。由于企业可控制的市场营销因素很多，人们出于不同的目的从不同的角度提出了各种分类方法，其中，目前最常用的一种分类方法是由美国西北大学教授菲利普·科特勒的"6Ps"的营销组合理论，他认为营销组合因素可概括为"6Ps"，即产品（Product）、价格（Price）、地点（Place）、促销（Promotion）、政治力量（Political Power）和公共关系（Public Relations）六个组合因素。市场营销组合是现代营销观念指导下的整体营销思想的体现，是企业的市场战略的重要组成部分。

对于农业创业者而言，将营销组合的各因素视为统一的整体，把产品、价格、渠道、促销等方面的营销因素有机地结合起来，并根据不同的目标市场和不同的市场营销环境，制定出全方位的市场营销组合策略，完成农产品的销售，实现营销目标，取得理想的经营利润。

1. 产品策略（Product Strategy） 产品是市场营销组合中最重要的因素，任何企业的营销活动必须以产品为基础。因此，产品策略是市场营销组合策略的基础。目前我国农产品市场普通产品严重过剩，优质农产品、特色农产品相对不足，而且随着人民生活水平的提高，对优质农产品和特色农产品的需求量越来越大，从而开发优质农产品、特色农产品前景广阔。开发优质农产品和特色农产品，一方面要提高现有农产品的品质，另一方面要加强与农业科研单位的合作，不断开发优良、特色新品种。此外，还要引进并驯化国外的优良新品种。

2. 定价策略（Price Strategy） 定价策略是市场营销组合中最活跃的因素，企业定价既要考虑消费者的承受能力，以利于促进销售，又要考虑企业的成本补偿，以保证获取利润。

农产品价格普遍偏低，同类产品的价格差别不大，再加上农产品自身的特殊性，农产品的定价策略要充分考虑各种因素，遵循优质优价的原则，以优质农产品、特色农产品实行高价，树立价格差异，通过高价策略获得竞争优势。

3. 渠道策略（Distribution Channel Strategy） 分销渠道是营销组合的重要因素，而且极大地影响着企业营销组合的其他因素。目前，对于创业者来说，农产品的销售渠道主要有专业市场、贸易企业、大型超市和直接销售等。

4. 促销策略（Promotion Strategy） 促销策略是市场营销组合的重要组成部分，在企业的营销活动中具有十分重要的作用。农产品的营销对于促销策略的运用要慎重，最重要的是要围绕营销目标合理预算促销费用，在促销预算范围内有选择地运用人员推销、营销广告、营业推广和公共关系等促销手段。

四、市场营销

再好的商品如果不进行强有力的宣传，将难以被社会公众认知，更难成为有口皆碑的名牌。提高产品的知名度和美誉度，促进名牌的形成，可以从以下3个方面着手。

1. 加大广告投入，选择好的广告媒体　广告是企业用来向消费者传递产品信息的最主要的方式。广告需要支付费用，一般来说投入的广告费用越多，广告效果越好，要使优质农产品广为人知，加大广告宣传的投入是必要的。可利用广告媒体如报纸、杂志、广播、电视和户外路牌等来传播信息。

2. 改善公共关系，塑造品牌形象　通过有关新闻单位或社会团体，无偿地向社会公众宣传、提供信息，从而间接地促销产品，这就是公共关系促销。公共关系促销较易获得社会及消费者的信任和认同，有利于提高产品的美誉度、扩大知名度。

3. 注重农产品包装，提升农产品身价　进口的泰国名牌大米，如金象、金兔、泰香、金帝舫等，大多包装精致。而我国许多农产品却没有包装，有些即使有包装也较粗糙，这不利于名牌的拓展。包装能够避免运输、储存过程中对产品的各种损害，保护产品质量；精美的包装还是一个优秀的"无声推销员"，能引起消费者的注意，在一定程度上激起购买欲望，同时还能够在消费者心目中树立起良好的形象，抬升产品的身价。

【延伸阅读】

如何去写农产品故事

《舌尖上的中国》掀起了大家对原产地、原生态美食的追捧，越来越多的人不仅仅满足于做个尝遍百味的食客，他们更乐于去关注和探索美食背后的故事。因此身为农产品的售卖者，故事就显得尤为重要。很多人愿意为售价惊人的"褚橙""潘苹果"等买单，是出于高于吃货心理的另一种消费心理："哥吃的不是水果，而是一种精神！"农产品背后的故事，以及故事下传递的正能量精神，才是我们应关注的重点。强调食物故事，但并不只是追求故事，而是力求为消费者呈现当地、当季、最优质的产品。很少提及食品安全，是因为这是底线而不是目标。

一、产品故事化

1. 先设定故事，带着"故事"设计产品　人对故事的记忆更为深刻。有些人意识到了故事的重要性，但只是依葫芦画瓢、本末倒置，先出来产品，再附会出一段并无太多特色的故事，不能打动人。好的产品一定是带

着某种故事属性问世的。如酵母精华的故事：早在 20 世纪，安琪酵母的科研人员无意中注意到，年长的一线酿酒工人竟拥有一双犹如婴儿般细嫩的双手。这个发现引起科学家强烈的好奇，他们决心解开心中的谜团，经过多年的验证后，科学家发现，天然酵母菌发酵后，会产生一种透明的液体代谢物，酵母中的真核细胞接近人体结构细胞，能温和地在细胞内作用，终于破解了酵母中一直蕴含着的令肌肤晶莹剔透的秘密。此后，天然酵母类产品的护肤故事被广为流传，以此开发的护肤品占据了很多人的生活。

2. 功能依附＋情感依附＝获得长期用户　将产品故事化，可以让产品生产者和购买者形成一个有着共同价值观、有温情的社区。他们不再仅仅是"买卖关系"，而是一种情感上的互助、共鸣关系。为什么要"产品故事化"？就是要形成这样一个温情的社区，获得有着强黏性的长期用户。

3. 上溯寻找渊源，融入具体数字　人们更愿意相信有"年头"的手艺和产品，跟我们找医生要找老中医的心理是一样的。历史感能加重大众对产品的信任感。如做凉茶，他们会说：凉茶发明于清道光年间，至今已有184 年。再如阿芙精油的故事与古希腊神话联系到一起，让一款精油产品充满神秘感。阿芙精油："AFU 阿芙"品牌，源自古希腊神话中"爱与美的女神——APHRODITE"之名（到罗马神话时期，即"维纳斯 VE-NUS"），现在化身为中国精油界的领导品牌，亦是护肤品全球合作之典范。其品牌核心价值，是捍卫精油行业的秘密——"得花材者得天下"，只和全球著名产地的庄园合作，长期契约种植。阿芙率先将精油色谱图呈献给顾客，即植物的唯一 DNA 图谱，以证明阿芙精油从田间种植到入瓶灌装，皆血统清晰，品质纯正。

4. 场景赋予产品以意义　同样的东西，在不同的场景里，代表的意义是不同的。比如咖啡，在不同的场景中就可能意味不同诉求，因而同样是咖啡，只要场景不同，就可以衍生出很多不同的解决方案，这些产品已远远超出咖啡本身。在这样的情况下，咖啡仅仅成为一种诉求载体。而人们消费的，是不同场景下的体验。

二、故事产品化

简言之，就是铸造故事时，有做产品的思维。万不可凭激情，行云流水。

（1）明确故事给谁看，这群人有哪些特点。即使你是写给大众看的，也要想想普罗大众的"大众口味"是什么。比如：川菜的大众口味就是麻＋辣，你只有辣，没有麻，就不是川菜的"大众口味"。

心里装着用户，最根本的目的是产生共鸣。让人们在产品的故事里看到他们"自己"。

（2）"故事"有利益点。将产品特征转化为顾客利益。比如某农产品的故事传达了两个和顾客切身相关的"利益点"：一是这些农产品是天然可靠，营养价值高；二是购买这些农产品能帮助偏远地区的农民们，比如让他们有钱供子女读书。如果用户读了产品故事，没有任何"利己性"，那绝对是个失败的故事。

（3）写自己的故事。看到市面上成功的产品故事就跟风，写一个类似题材的卖点，常常容易起到"东施效颦"的反作用。山寨产品，只能做"小妾"，无法成"正室"。

（4）简洁。故事要在"有可读性"的原则下做到简洁至极。"产品故事化"，不是写小说、写散文，直抒胸臆，长篇大论。要在最短时间里传递最有价值的信息。

（5）分享便捷。做好了以上4点，就具备分享的基础了。可以添加一些便于读者分享的工具，如设定些微信等分享按钮，便于无优化操作。

三、具体该从哪些方面着手设定故事?

1. 地理环境和来源——农产品品质的天然剧本、安全品质的注脚

农产品的生长的地理环境很重要。产品品质和相关特征本身就具有当地自然生态环境和历史人文因素的烙印。如"射阳"大米、砀山酥梨、"安溪铁观音"茶叶、贵州国酒"茅台"等。好的血统基因，好的来源，自然是好品质的保证。青岛胶州的大白菜，远在唐代即享有盛誉，获得地理标志认证后，最高能卖到上百元一棵，即便是在大白菜价格跌到低谷时，仍然能卖到10元钱一棵。

2. 独特的种养殖方法或制造工艺——让故事出彩

农产品从幼小到长成、成熟，其成长经历以及是否还保留了其优秀本色，决定着品质的高低。人的成长过程是鲜活的，农产品的成长过程也可以融入人格化特征，如不畏恶劣生存环境的励志故事等，成为卖点。

TerraNera咖啡豆。TerraNera咖啡豆是世界上最昂贵、最奢侈的咖啡豆，而其生产过程却富于传奇：当地有一种棕榈猫，也叫Uchunari，它们和咖啡农一同生活。棕榈猫喜欢挑选咖啡树中最成熟香甜、饱满多汁的咖啡果实当作食物。咖啡果实被棕榈猫消化掉果实外表的果肉，而那坚硬无比的咖啡原豆，随后被其消化系统原封不动地排出体外，又被采集起来，洗净放在特制的架子上，置于丛林高处干燥。经历了棕榈猫消化过程的咖啡豆，产生了神奇变化，依稀可闻见其中苦可可、榛子等味道。其香气最初淡而清晰，渐而变得丝滑如黄油般浓郁，最后余味醇厚。

3. 乡土风情、地理文脉、历史文化等资源——故事重要题材

农产品与农耕文化一脉相传。而农耕文化在我国已有千年之久，其中一些可以与农产品嫁接，营造具有文化美感的产品氛围。浙江青田稻鱼共生系统，是中国第一个世界农业文化遗产。金秋八月，家家"尝新饭"：一碗新饭，一盘田鱼，祭天地，庆丰收，祈福年年有余（鱼）。这样的稻米和田鱼，风味别具一格。

在湖南郴州，传说中华先祖炎帝尝百草时常常带着狗，在资兴时他中了一种微毒，狗衔来了茶叶帮助炎帝解了毒，炎帝就为这种茶叶取名叫"狗脑贡茶"。这样的传说，赋予了当地茶叶的不平凡身世。

有人说，你和优秀品牌之间，只差一个优秀故事的距离。不会讲故事的农产品，只能卖初级加工品。而讲得好故事，且消费者愿意买账的农产品，才能真正具有附加价值。你的农产品也许在功能上并没有那么出彩，但至少故事要出彩，能让人一眼记住并传播。

任务四　了解现行的强农、惠农、富农政策

一、2016 家庭农场、合作社种养殖补贴项目

（一）项目申报受理单位：农业部（各县市的农业局或者农委）

项目名称：扶持"菜篮子"产品生产项目

支持范围：

（1）重点扶持蔬菜（包括食用菌和西甜瓜等种类），适当兼顾果、茶，每个设施基地 200 亩以上（设施内面积，下同资金补助数额：5 000 元/亩，不超过 300 万元），每个露地基地 1 000 亩以上。

（2）资金补助数额：5 000 元/亩，不超过 300 万元。

（3）申请申报时间：7～8 月。

项目名称：国家现代农业示范区旱涝保收标准农田示范项目

支持范围：

（1）选择国家新增千亿斤* 粮食生产能力规划确定的 800 个产粮大县

---

* 斤为非法定计量单位，1 斤＝0.5 千克。

（场）以外的国家现代农业示范区建设旱涝保收标准农田示范项目。

（2）资金补助数额：600元/亩，单项不超过10 000亩。

（3）申请申报时间：5月。

项目名称：种子工程植保工程储备项目

支持范围：

（1）从事蔬菜集约化育苗3年以上、已有年培育蔬菜优质适龄壮苗500万株以上能力，近3年内未出现假劣种苗问题。

（2）资金补助数额：中央资金500万内。

（3）申请申报时间：5～6月。

（二）项目申报受理单位：供销合作总社、农业综合开发办

项目名称：农业综合开发产业化经营项目、土地治理项目

支持范围：

（1）种植、养殖基地和设施农业项目YMIS棉花、果蔬、茶叶、食用菌、花卉、蚕桑、畜禽等农产品加工项目；贮藏保鲜、产地批发市场等流通设施项目。

（2）资金补助数额：80万～160万元。

（3）申请申报时间：3月。

（三）项目申报受理单位：科技厅、科委（一般要求有科技成果）

项目名称：农业科技成果转化

支持范围：

（1）现代种业、食品加工、饲料、生物农药、农业机械装备、生物质利用与生物能源、林产加工、乡村环保、乡村物流等涉农产业的重大技术成果转化。

（2）资金补助数额：100万～300万元。

（3）申请申报时间：4月。

（四）项目申报受理单位：财务部

项目名称：龙头企业带动产业发展和"一县一特"产业发展试点项目

支持范围：

（1）农业基础设施、良种繁育、农业污染物防治、废弃物综合利用和社会化服务体系等公益性项目建设，以及新产品新技术推广应用、农产品精深加工等。

（2）资金补助数额：500万～800万元。

（3）申请申报时间：10月。

（五）项目申报受理单位：农业部、财务部

项目名称：农产品产地初加工补助项目化

支持范围：

（1）重点扶持农户和农民专业合作社建设马铃薯贮藏窖、果蔬通风库、冷藏库和烘干房等产地初加工设施。

（2）资金补助数额：先建后补，视具体情况。

（3）申请申报时间：9月。

（六）项目申报受理单位：供销合作总社

项目名称：新网工程

支持范围：

（1）农副产品及农资配送中心、连锁经营网点、批发交易市场改造；农副产品冷链物流系统改造；农副产品及农资市场信息收集与发布、农化服务体系、质量安全服务体系等公益性服务项目。

（2）资金补助数额：200万～400万元。

（3）申请申报时间：4月。

（七）项目申报受理单位：国家扶贫办

项目名称：扶贫项目

支持范围：

（1）带动农民增收性强的农产品加工产业。

（2）资金补助数额：500万元。

（3）申请申报时间：不定。

（八）项目申报受理单位：农业综合开发办公室

项目名称：现代农业园区试点申报立项目

支持范围：

（1）优质高产粮食生产基地、名特优带动农新经济作物（或林果业）规模种植基地、粮食等农产品精深加工和冷链物流、生态观光休闲农业等各类功能区。

（2）资金补助数额：1 000万～2 000万元。

（3）申请申报时间：5月。

项目名称：中型灌区节水配套改造项目

支持范围：

（1）粮食主产区，灌区位于或跨越农业综合开发县（市、区），灌溉面积为5万～30万亩。

（2）资金补助数额：单个项目的总费用不超过2 000万元。

（3）申请申报时间：8月。

项目名称：农业综合开发产业化经营项目

支持范围：

(1) 种植、养殖基地和设施农业项目；棉花、果蔬、茶叶、食用菌、花卉、蚕桑、畜禽等农产品加工项目；储藏保鲜、产地批发市场等流通设施项目。

(2) 资金补助数额：300万元。

(3) 申请申报时间：6月底。

项目名称：农业综合开发专项-园艺类良种繁育及生产示范基地项目

支持范围：

(1) 种植、养殖基地和设施农业项目；棉花、果蔬、茶叶、食用菌、花卉、蚕桑、畜禽等农产品加工项目；储藏保鲜、产地批发市场等流通设施项目。

(2) 资金补助数额：300万元。

(3) 申请申报时间：6～8月。

二、2016年最新林地补贴政策

1. 造林补贴

定义：造林补贴资金是指对在宜林荒山荒地、沙荒地、迹地进行人工造林和更新，面积不小于1亩的农民、林业职工、农民专业合作社等造林主体给予的补贴资金。

补贴：人工造林。乔木林和木本油料林每亩补助200元，灌木林每亩补助120元（内蒙古、宁夏、甘肃、新疆、青海、陕西、山西等省区灌木林每亩补助200元），水果、木本药材等其他林木每亩补助100元、新造竹林每亩补助100元。迹地人工更新每亩补助100元。造林直接补贴应全部落实到造林主体。享受中央财政造林补贴营造的乔木林，造林后10年内不准主伐。

2. 森林抚育补贴资金

定义：森林抚育补贴资金是指对承担森林抚育任务的国有森工企业、国有林场、农民专业合作社以及林业职工和农民给予的补贴。

补贴：森林抚育补贴资金标准为平均每亩100元。根据国务院批准的《长江上游、黄河上中游地区天然林资源保护工程二期实施方案》和《东北、内蒙古等重点国有林区天然林资源保护工程二期实施方案》，天然林资源保护工程二期（以下简称天保工程）实施范围内的森林抚育补贴资金标准为平均每亩120元。

3. 林木良种补贴资金

定义：林木良种补贴资金是指对国家重点林木良种基地的补贴和林木良种

苗木培育的补贴。

补贴：

（1）国家重点林木良种基地补贴。补贴对象是根据《国家重点林木良种基地管理办法》（林场发［2011］138号）确定的国家重点林木良种基地。补贴标准为：种子园、种质资源库每亩补贴600元，采穗圃每亩补贴300元，母树林、试验林每亩补贴100元。

（2）林木良种苗木培育补贴。补贴对象是国有育苗单位使用林木良种，采用组织培养、轻型基质、无纺布和穴盘容器育苗，幼化处理等先进技术培育的良种苗木。补贴标准：除有特殊要求的良种苗木外，每株良种苗木平均补贴0.2元。各省可根据实际情况，确定不同树种苗木的补贴标准。

【模块小结】

新创办的农业企业还很弱小，开始阶段会面临很多困难，创业者要时刻保持清醒的头脑，精打细算，注重质量、诚信和品牌，尽快完成资本原始积累，在市场上站稳脚跟，提高创业的经济效益。

模块八

农业资源典型项目

【学习目标】

    1. 明确农业资源典型项目的类别；

    2. 农业项目的销售渠道；

    3. 用足可资利用的资源；

    4. 做好项目可行性论证。

【任务描述】

    选择农业创业项目，重要的不是项目的好坏，而是所选择的项目是否适合自己，自己对此项目是否做了充分地调研，是否与我国现代农业发展趋势相一致。了解政府及其有关部门的强农惠农富农政策；用足可资利用的资源；做好项目可行性论证。

【案例导入】

可以喝的神奇马铃薯

    石有从年轻时起就一直从事淀粉设备制造，一干就是十几年。1999年，正赶上食品行业发展较快，对淀粉的需求量大。石有用4年时间建了3个年销售额过千万的淀粉厂。因为对市场的判断和独到的眼光，他的企业很快就崛起成为武川县的龙头企业。

    可2005年，石有却突然要做一件投入全部积蓄的事儿，而这个事情当地都没人敢做。

    2005年的一天，石有到淀粉厂例行检查，发现旁边堆了许多不要的土豆。为保证淀粉质量，平常也有扔掉坏土豆的情况。可石有发现，这坏的土豆怎么比以前多了呢？最近农户们的土豆产量也有降低，石有想到，有可能是种子出了问题。

    武川县几乎家家都种土豆，可大家都是一批种子用好多年。他们自产自销，不想多花钱，也不相信产量真的能扩大。石有觉得，种子的需求量这么大，这商机他可不能错过。

    2005年，石有流转4万亩土地，走访农户家，推广起了自己的种薯。他选中几家农户，低价把自己的种子卖给他们，并且保证无论好坏都以高五分钱的价格回收土豆。到了收获季节，十几户农民通过换种，效益都有很大提高。

按市场价，每亩多赚四五百块钱。其他农户看到有人换种后产量提高、赚钱多了，终于改变了三年不换种的习惯，纷纷向石有购买种薯。

（资料改编自：http://www.zhifujing.org/zhifujing/201603/32247.html）

【案例分析】

石有发现了土豆种的商机，及时地培育种子，把自己的种薯推广到户，赢得了收益。

任务一　农家旅游项目

农家旅游的兴起是有其原因的。比较公认的说法是，作为最初的农家旅游是以农家乐的形式出现在四川天府之国成都郊区的温江、郫县等地农村，经过多年的发展，才真正风靡全国各地的。但是，仔细研究农家旅游兴起的原因，可以从多方面予以分析。

一是从历史上看，传统的饮食文化对农家旅游的发展有一定影响。古代的宴席演变均来源于民间乡村，具有浓郁的乡土气息。如屈原《招魂》中记载的宴会场面，后来出现的烧烤席、水鲜席、飞禽席、野味席等，与当今农家旅游的程序与内容有相似之处；到了魏晋时代，出现了有名的"树宴""游乐宴"等，均同农家旅游如出一辙；特别是古人崇尚的"蝴蝶会"，更是一种野餐形式，人们因登山临水，饮酒吃菜，赋诗作画，弹琴下棋、品茶斗艺、寄情山水间，别有一番情趣，这与农家旅游已经更为接近了。

二是从餐饮旅游业发展规律看，人们对事物的追求是从简单到复杂，从一般到综合，从单一到多样。随着社会的进步，经济的发展，文化的影响，人们餐饮旅游业的吃、喝、玩、乐已经不再单独满足于其中一项，而是要将其综合起来，以适应人们的主客观的需要。因此，农家旅游的兴起，也是餐饮旅游业发展规律的体现。

三是人们生活环境质量的需求。随着工业化的发展、城市化的加快，人们的生活环境质量发生了很大变化。特别是污染的空气，越来越不安全的食品，劳累过度的身体，过度紧张的思维等，需要进一步得到改善与放松；于是得天独厚的乡村便成了人们休闲的好去处。丰富纯净的空气、绿色食品、山水花草使人们感到心旷神怡，乐此不疲，这也是农家旅游日益兴旺的原因之一。

四是在新农村建设的创新活动中，从美化农家生活环境、让农民家庭美起来、让农民生活乐起来着手，在较短时间内取得了明显成效，并在实践中逐渐提炼出了"农家美，农家乐"的农家旅游概念。

一、农家旅游的概念

农家旅游作为一种新兴的旅游产业形式，一个具有中国特色的旅游品牌，现在已经风靡全国各地。何为农家旅游？综合各种不同的解释，结合农家旅游的特点，可以给农家旅游下一个定义。从狭义上讲，是开办者利用农村当地的自然风光、庭院、果园、鱼塘、河面等生态条件、民俗风情、传统文化、饮食特色等进行观光、休闲、娱乐、餐饮、购物、体验、健身等为一体的活动。然而，随着农家旅游的延伸与发展，在原农家乐的基础上进一步涌现出了休闲山庄、观光田园等较大规模的农家休闲旅游形式。因此农家旅游的内涵也更加丰富多彩，所以，从广义上讲，农家旅游是农业行业通过展示自身的行业特色而进行的一系列旅游观光活动，是以农业为载体，既有农业生产功能，又有旅游活动功能的新型产业，具有如下几个特征。

1. 农业和旅游业的产业兼容　在社会经济门类中，农业属于第一产业，旅游业属于第三产业，本来两者各有天地，互不相融。但农家旅游的出现，无论是其项目设置、设施装备，或是环境条件、经营管理等方面，都是农业与旅游业相互兼容，并以此而区别于一般的乡村农业和常规旅游。

2. 田园风光和旅游景点的呼应　一般农业所特有的田园风光虽然有其自然、开阔、壮观的特色，但毕竟较为粗犷和单一。农家旅游充分发挥一般农业田园风光的优势，因地制宜地加以艺术化改造，如绿化美化，地形改造，并适当设置雅致、简朴、自然的景点和实用、配套的设施，使田园风光得到点缀而增辉，旅游功能也因此而强化。

3. 生产功能和旅游功能的耦合　农业的主要功能是向社会提供物质产品，以满足人们物质生活的需要；旅游业的主要功能是向社会提供文化产品，以满足人们精神生活的需要。农家旅游则是两种功能的耦合，既具有生产功能，又具有旅游功能，即在向社会提供物质产品的同时，以其特有的田园风光、民俗风情，让人们感受返璞归真、回归自然的乐趣，并达到体验生活、增长见识和怡情益智、陶冶情操的效果。

4. 生产活动和旅游活动的统一　农业是以种养业为主的物质生产活动，旅游业是以观光、休闲为主的精神文化活动。这两种活动过程，在过去，一般都是分别在不同的场所展开的。农家旅游则是同时在同一场所使两种过程协调一致。

5. 物质价值和文化价值的互补　农业追求的是物质生产价值，旅游业追求的是精神文化价值，两者的效益是通过各自的价值得到体现的。但在一般的农业和旅游业的项目中，具有物质生产价值的，未必同时具有精神文化价值；

具有精神文化价值的，也未必同时具有物质生产价值。因为，生产性和可观赏性并不完全一致。正如，好看的未必好吃，好吃的未必好看。所以，在许多情况下难以两者兼备，往往为了这种价值而不得不牺牲另一种价值。农家旅游则可以实现两种价值的互补，即农家旅游一方面以其可观赏性和可参与性使农业的附加值得到提高；另一方面又以其生产性和文化性使旅游业价值获得支撑和延伸。

二、农家旅游的设计

久居都市的人们进行农家旅游的目的一般就是去体验农家生活、融入并体验神秘的大自然。农家旅游最大的吸引力正是它的农家乡土味和生态田园的背景，所以在设计农家旅游时，建筑风格、饮食服务、游乐项目等方面的设计应突出其乡土味及民俗文化，使其与周围大自然的环境背景及当地的乡村环境和建筑风格相协调，即保持与周围环境的协调。游客既可以体验到农家旅游与环境的和谐，又可以体验到乡土风情、特色饮食和民俗文化。

三、农家旅游设计的原则

资源与环境的永续利用是我国实施可持续发展战略的物质基础，也是农家旅游赖以生存和发展的命根子。农家旅游把优化、美化生态环境作为项目建设的主题，甚至把争取旅游发展与环境保护的永久和谐作为符合社会主义新农村建设的总战略，这样有利于资源与环境的持续利用。

1. 资源综合利用原则　资源是农家旅游发展的基础条件。我国是一个资源相对紧缺的国家，如何开办、利用和保护农业的自然资源和农村的人文资源，便成为开办农家旅游首先考虑的基本问题。因为，农家旅游的区域性特点是由资源的地区差别决定的，不同地区有不同的资源条件，决定了农家旅游有着不同的项目内容，从而形成各自不同的产品特色和旅游特色。我国南方与北方、东部与西部的旅游农业，由于气候、风土、生物的不同，因此景观、风情、格调也各不相同。

农家旅游讲究因地制宜，讲究发挥资源优势，讲究项目特色，这对资源的开发、利用和保护是极为有利的。农家旅游功能的发挥，使同一资源产生一举多得的效果，这本身就是资源的一种综合利用，资源的作用也由此得到更充分地发挥，资源的价值也由此得到提升。

2. 环境优化、美化原则　农家旅游讲究景观效果和绿色氛围，对保护生态和优化、美化环境极为有利。生态旅游是农家旅游的一个强项，保护生态、优化、美化环境是农家旅游的基本宗旨，符合可持续发展的战略原则，符合

《中国 21 世纪议程》所提出的关于开辟新旅游专线要加强旅游资源的保护，发展没有污染、不破坏环境的绿色旅游的要求。目前我国的自然保护区和园林风景名胜区的面积在不断扩大，为农家旅游的进一步发展提供了越来越丰富的基础条件，并展现出广阔的发展前景。

尤其值得提出的是，各地农家旅游，包括已有的和在建的，都十分重视开办绿色食品，千方百计地根治环境污染，创建了"生态停车场""生态餐厅""生态屋室""生态商店"，并着"生态服装"，让游客置身于相对古朴、自然、幽静的环境之中。这一切都表明，农家旅游能成为农业发展的新势头确实有其经济和文化发展的必然性。

3. 突出乡土民俗特色原则　农家旅游实质上是一种特殊形式的乡村旅游，它是将特有的乡村景色、民风民俗等融为一体，因而农家旅游的设计应具有鲜明的乡土民俗特点，以其原汁原味的村野乡土特色来吸引游客。因地制宜、因物施巧，充分利用当地的旅游吸引物，如物产、风光、民俗等资源，来开办设计不同的农家旅游产品，设置更好的项目。广大经营者要敢于突破常规的限制，拓宽思路，创造有新意的产品，特别是更多的参与型体验式的项目，开发休闲、度假、民俗、养生、观光、教育、科技、商业等多层面的旅游吸引物，形成经营的核心竞争力。

4. 遵循可持续发展原则　可持续发展是我国社会主义经济建设的总战略，也是设计开办农家旅游所必须遵循的基本原则。因此，在农家旅游的项目设计中，必须苛求资源与环境的永续利用，绝不能为追求眼前的利益而牺牲长远的利益，否则，即使是已经设计出来的农家旅游项目也将失去生存与发展的物质基础。

要做到农家旅游项目具有可持续发展的活力在项目设计方案中，必须有对资源环境的保护与开办、利用相配套（包括设施配套、技术配套、管理配套）的措施，必须兼顾经济效益、社会效益和生态效益，必须是文明生产、文明经营。

坚持可持续发展的原则，实现资源与环境的永续利用，在农家旅游的项目设计中，还必须根据项目的不同特点，做好资源、人力、资金等生产要素的科学、合理配置，使项目设计方案的实施，能够处于高效、节约和有序的状态。

四、功能创新项目的设计

农家旅游按照其功能可分为 3 个层次：一是基础层次——陈列式观光游览，游客主要通过视觉得到满足；二是提高层次——表演展示，由景静人动到景动人静，游客在游览观光景点后，能够通过欣赏歌舞表演得到娱乐和新奇的感受；三是发展层次——参与式娱乐与相关活动，通过使游客参与活动项目，身心得到放松、愉悦，随着每次遇到的挑战而得到不同的满足。农家旅游的项目在三大层面上演进，带给游客的满足感和获得的游客重游率逐级上升。我们从中也能认识到，从功能出发和从体验出发是紧密结合在一起的。

1. 出行 第一是交通支线功能的设计，农家旅游只强调交通不行，应该按景观路、生态路、文化路、交通路的四路合一来设计，使农家旅游的游客一进村口就感觉到了景区气氛，这样会减少客人的烦躁程度，增加其兴奋程度。

第二是游线设计，也应该通过多种手段达到多重效果。一种是曲径通幽，另外一种方式是豁然开朗，要两种方式结合。在游线设计中，更需要考虑的是安全，这个问题在设计里也经常碰到，有的项目视觉设计一流，但是安全隐患问题大，这就和游线设计有关系。

2. 游览 旅游，就是研究怎样让客人关注游览点，尤其是让客人的精神参与进去。不同的游客，参与方式不同。比如同样是看庙，文物专家看文物，建筑专家看建筑，一般的客人看外表。要根据游客不同的身份特点，设计不同参与程度的游览项目。

3. 住宿 现在比较好的农家旅游场所已经发展成了"城市人的第二居所"，要使住宿功能和庭院紧密结合在一起，主题建筑更要特点突出，庭院美化绿化要下大力气，研究主题建筑怎么与乡村文化紧密融合。如果农家旅游场所的住宿只是把城市的低星级酒店直接搬过来，这必然会妨碍农家旅游项目的提升和品位的提高。

4. 饮食 在吃的方面，基本是主辅菜肴结合、快慢烹制结合，这里的核心也是如何突出特色，从主题出发，突出特点。我们需要在文化内涵上，在体验设计上研究乡村餐饮。

5. 购物 从功能的角度看，旅游者也需要有一些纪念性的商品。在旅游园区的内部不需要设立更多的购物点，只能在特别的地点设立。您旅游的时候也许已经发现了，很多公园的购买区都集中在出口，这时游人已经看过园子了，出来以后自然产生购物的愿望。出口必须经过商场，这种设置方法是多年经验积累出来的。

6. 娱乐 娱乐设计的一般方式是有一个比较集中的游乐场所，同时考虑广场性的表演方式。节庆活动的举办是一个提高游客娱乐体验的常用手段，通过节庆活动营造出平常所少见的浓厚娱乐氛围，全方位地感染旅游者，让旅游者在亲身参与中释放生活中的不愉快，体会节庆活动给人带来的愉快和舒畅。

从功能设计出发，基本是围绕这六要素做文章。设计时要考虑六要素之间的相关关系，主要是怎么达到优化配置。六要素的核心要素是"游"，就是一切围绕着游，进行优化配置；围绕着游，进行游线的设计；然后考虑什么地方安排餐饮，什么地方安排购物，什么地方安排娱乐，把从体验出发的几个设计融在一起，这样的设计就比较完整。

任务二　特种动物养殖项目

特种动物养殖业是利用畜禽等已经被人类驯化的动物，或者鹿、麝、狐、貂、水獭、鹌鹑等野生动物的生理机能，通过人工饲养、繁殖，使其将牧草和饲料等植物能转变为动物能，以取得肉、蛋、奶、毛、绒、皮张、蚕丝和药材等畜产品的生产部门，是人类与自然界进行物质交换的重要环节。养殖业也是农业的主要组成部分之一，是农业的重要组成部分，与种植业并列为农业生产的两大支柱。

【典型案例】

农大学生养香猪，一斤 60 被疯抢

中国农业大学动物科学专业的 5 名在校生，自己饲养起"贵州小香猪"。有农大这块专业招牌托着，又有环保限量订制的名头，香猪肉在校内外的订单接到手软，排到了一年后。

今年 22 岁、来自四川的大四学生杨林，和本校的 4 名同学，最近成了中国农业大学的校园明星。我们见到他时，他正在冷库装箱，装猪肉的包装箱 1 箱能装 2 千克猪肉，卖价 200 多元。别看 1 斤 60 元的"天价"，不仅订不上，还可能会因为"订太多"而被拒单。今年 10 月，他们卖掉了饲养的第一批 30 头香猪，共卖了 4 万元。

"最多有想一次预订 500 盒的，最少的也是 10 多盒呢。"他说，由于启动资金少，目前第二批只养了 50 多头香猪，元旦就能卖，无奈产量还是供不上，订单已排到 1 年后。

猪肉购买群主要是一些高档酒店、注重生活品质和送礼的人。中国航空建筑研究院的设计师姜军，听说农大的学生饲养了一批绿色环保的香猪，吃完觉得口感很"香"，虽然有点贵，但他还惦记着今后再买。

农大学生去养猪，杨林觉得一点不新鲜。因为着迷一档致富节目，他高中的梦想就是读农大的动物科学专业，自己去养猪。

大一暑假时他在家实验，结果 20 多头猪都因瘟疫死亡。大二休学一年，先后在北京郊区养猪场、四川、陕西、河南知名度高的养猪场"取经"，2011年 9 月返校继续学业。

有了养猪的"本事"，杨林等不及毕业，想一展身手，于是校园成了他的试验田。他把自己的"养猪梦"告诉了老师和几个志同道合的朋友。

他以"养猪梦"申请了学校的创新项目，很快得到老师的支持，学校免费为杨林小组在河北中国农业大学科技园提供了一处养殖场地。

他们雇佣当地的村民当饲养员，给猪喂食"经过微生物处理研发配置的"饲料，不定期去巡视。

持续饲养10～12个月，让猪长到25～30千克时，送到正规屠宰厂，用二氧化碳窒息的方法进行屠宰。这样的猪肉不出水、肉不松。

杨林不打算考研，还有开公司的计划。一个月前，他们拿到了营业执照，买卖正式转正。公司不仅养猪卖猪肉，还提供养猪咨询、品种选择和融资合作等服务。

【案例分析】

香猪作为一种特种养殖动物，有广阔的发展前景。利用自己的专业特长和敏锐的市场洞察力，获得丰厚的收益。

1. 特禽养殖　我国特禽养殖资源丰富，野生动物种类繁多，近年来与国外合作培育驯化的生产也日益增多。一类为上品行品种，比如肉鸽、鹧鸪、鸵鸟、绿壳蛋鸡、珍珠鸡、贵妃鸡、黄凤鸡、绿头野鸭等。另一类为保护性品种的养殖，比如丹顶鹤、白腹锦鸡、火烈鸟、灰雁等。

2. 特种经济兽类养殖　特种经济兽类养殖是我国近年来崛起的新兴产业，随着经济水平的提高，市场前景广阔。比如毛皮动物中獭兔、水貂、狐狸等。国内的蓝狐皮产量达到每年100多万张。再如很多地方有养鹿专业户，饲养区域主要集中在黑龙江、吉林、辽宁、内蒙古等地，主要品种有梅花鹿、马鹿等，全国规模在100头以上的养殖户有3 000多家。

3. 兽类养殖　兽类养殖是有悠久历史的养殖项目，随着经济的繁荣，一些过去人们不曾尝试的兽类养殖业在逐渐发展。比如驴的养殖，中国有4 000多年的历史，经济价值和市场行情也被业内看好。再如鹿的养殖，我国目前驯养的有梅花鹿、马鹿、水鹿、白唇鹿、坡鹿、驯鹿等。全国范围内养殖规模在100头以上的有3 500多家。生产的鹿茸大部分销往国际市场。

4. 药用动物养殖　动物类药材在中医药行业中正在占有重要地位，我国现有药用动物11门、33纲，涉及陆栖动物1 295种，海洋动物275种。比如蛤蚧，这种外貌与壁虎相似的动物，它的干制品是驰名中外的名贵药材，它具有补肾、温肺、壮阳、止咳的功效，每对可以卖到12～20元。再如蝎子，具有较高的药用价值和食用价值。全蝎入药的中西药有150多种，能治疗高血压、血栓闭塞性脉管炎、耳聋、皮肤湿疹等疾病。蝎毒的作用也被广泛认识，每千克15万元。在山东、江苏、浙江等省已经出现了一批养蝎专业户，并取得了很好的经济效益。

5. 昆虫养殖　昆虫作为动物界的特殊类群，一直被人们广泛关注。而大多数是被人类作为害虫消灭。随着科学的发展，昆虫越来越多的作用被人们认可，人们开始从昆虫的营养学、药理学等反面展开研究。《齐民要术》中有用蝉脯肉做菜的记载。再如黄粉虫的养殖，在 2009 年，全国已有上万家养殖户，2014 年的农产品商务平台公示，黄粉虫每千克 29.22 元。

任务三　设施园艺项目

设施园艺是指在露地不适于园艺作物生长的季节（寒冷或炎热）或地区，利用特定的设施（连栋温室、日光温室、塑料大棚、小拱棚和养殖棚），人为创造适于作物生长的环境，以生产优质、高产、稳产的蔬菜、花卉、水果等园艺产品的一种环境可控制农业。近些年，我国农业现代化使我国的设施园艺得到迅速发展，2015 年 5 月在河北省石家庄市召开的中国蔬菜产业大会，重点介绍了设施园艺的各项新技术、新发明。

1. 蔬菜生产　我国蔬菜面积在 2014 年已经达到 3 亿多亩，年产超过 7 亿吨，位居世界第一位，设施园艺水平显著提高，进一步加大了大兴现代化温室及配套设施的引进，促进了我国温室设施蔬菜的发展。北京市农业技术推广站数据显示，2013—2014 年度，北京顺义区大孙各庄镇老公庄村高产示范户徐某通过温室大棚的管理，黄瓜亩产 25 984 千克。

2. 水果生产　水果种类繁多，设施管理的发展促进了产量和质量的提高，比如车厘子的合理种植，每斤几十到上百元不等。以北京昌平为例，每年的草莓采摘成为周边居民的一项活动，为规模化设施种植户产生了极大的经济效益。

【典型案例】

草莓中的白富美——白雪公主

辽宁省大连市一家农业生态园在售的"白雪公主"草莓，每千克卖到了 600 元，比普通草莓价格贵数倍。这是由北京市农林科学院培育而成的，其特点如下。

白：普通草莓是红色果皮上面分布小点，白草莓是奶白色或淡粉色果皮，上面分布小红点。这是由红颜草莓变异而来的。

富：比普通草莓贵很多，贵的原因是每亩产量低，高产草莓 4 000 千克/亩，白草莓 1 900 千克/亩；白草莓很脆弱，在种植过程中管理难度大，比红颜成熟也晚一些。

美：甜度大，它的香甜引来蜜蜂先授粉。可溶固形物 10% 以上。富含维生素 C、果糖、蔗糖、葡萄糖等。本品种抗病性强，在培育中很少用药，因此，吃起来安全更有保障。

3. 食用菌生产 食用菌营养丰富，味道鲜美，深受广大消费者喜爱，比如深受喜爱的小型子实体秀珍菇、香菇中的以及适当早采收的木耳等都深受市场欢迎。菇棚的设施建设也成为重中之重。

4. 园林苗木 随着国家对生态环境建设的高度重视以及农业产业结构的调整，园林苗木从过去以国营苗圃为主逐渐转向国有、集体、个体共同参与。目前国内有几家大型的私家园林苗木花卉企业，资产已经上亿元，这些绿化苗木企业在品种选育、市场开发、资金运作等方面都走在了前列，园林苗木也成为一些地区农民增收的重要项目之一。

（1）常绿乔木。常绿乔木是指终年具有绿叶且株型较大的木本植物，这类植物的叶寿命是两三年或更长，并且每年都有新叶长出，在新叶长出的时候也有部分旧叶的脱落，由于是陆续更新，所以终年都能保持常绿，如雪松、酸角、白皮松、红松、桧松等。这类植物由于具有四季常青的特性，其美化和观赏价值较高，因此常被用来作为绿化的首选植物。如白皮松树冠优美，树皮奇特，在园林配置上用途广阔，市场参考价格：高度 1 米，60～150 元；高度 2米，600 元。

（2）落叶乔木。每年秋冬季节或干旱季节叶全部脱落的乔木，一般指温带的落叶乔木，如银杏、法桐、白蜡、槭树等。落叶是植物减少蒸腾、渡过寒冷或干旱季节的一种适应，这一习性是植物在长期进化过程中形成的。如银杏，具有欣赏、食用、木用、药用等经济价值。银杏果营养丰富，有很高的食用价值，银杏苗木的行情也不错。

5. 农业嘉年华 这是近些年新兴的一种农业休闲模式。休闲农业的模式多种多样，各种类型的休闲农业模式都有自己独特的特点，但是，各个模式同时又由于各种原因有其自身无法克服的缺点。比如农家乐、采摘园、市民公园偏重于休闲、娱乐，但是其科普性明显欠缺，由于经营模式的限制，其规模一般较小，且比较分散，管理分散无序；而农技博物馆等科普性质的休闲农业又严肃有余，趣味不足；并且各个模式之间不能实现有限的联动，各自为战，力量分散，影响力有限。

随着休闲农业的发展，休闲农业的集大成者——农业嘉年华应运而生。随着农业嘉年华的发展，农业嘉年华的模式也在不断地完善，特别是像中国农业大学富通公司等单位的不断探索、努力，该模式已基本成熟。

【典型案例】

辽宁首山农业嘉年华——政府与公司联手打造

辽宁省首山农业嘉年华就是由辽阳市政府牵头，中国农业大学富通公司承办的一个成功案例，首山农业嘉年华是全国范围内第一个在北方建设实施的农业嘉年华项目；政府有好的想法，同时富通公司有丰富的嘉年华设计、施工经验，丰富的管理经验，仅仅用时5个月，占地面积41 317米²的该项目就保质保量地实现竣工开园营业。

农业嘉年华模式是农业新成果的展现平台，也为优质农产品的展销、特色民俗文化的展示提供了舞台，同时也为科普、教育提供了一个优质平台，农业嘉年华内涵多，影响大，并且采取政府搭台、企业唱戏的发展模式，公信度高，品牌效益明显；不同于其他休闲农业模式，农业嘉年华内涵的丰富性决定其原则上在每个省只能发展一个最多发展两个同类项目，该项目具有独特性和稀缺性，基本上可以引领全省农业科技的发展，可以举办省级或者大区域的农博会、特色展会、各种当地文化盛会等。

相对于其他的休闲农业模式，农业嘉年华模式更偏向于实业，或者说生产与展示功能并重。农业嘉年华模式，拥有现代化温室，依托自身所具备的各种新技术、新设备，以及扎实、科学的管理，在不影响观光效果的情况下，充分利用展馆内的人力资源，能定期地生产出优质、高产的农副产品，这样即使在旅游淡季，也能依靠自身的产品实现盈利，极大地增强了自身的生存能力。

6. 渔业 渔业是指捕捞、养殖鱼类和其他水生动物及海藻类等水生植物以取得水产品的社会生产部门，一般分为海洋渔业、淡水渔业。渔业可为人民生活和国家建设提供食品和工业原料，是农业的重要组成部分，也是国民经济的一个重要部门。

开发和利用水域，采集捕捞与人工养殖各种有经济价值的水生动植物，以取得水产品是渔业的主要任务。渔业，按照水域可分为海洋渔业和淡水渔业；按生产特性可分为养殖业和捕捞业。渔业生产的主要特点是以各种水域为基地，以具有再生性的水产经济动植物资源为对象，具有明显的区域性和季节性，初级产品具有鲜活、易变腐和商品性等特点。渔业除提供丰富的蛋白质外，还可以为农业提供优质肥料，为畜牧业提供精饲料，为食品、医药、化工工业提供重要原料。

7. 农业社会化服务业 农业社会化服务业是指为满足农业生产的需要，为农业生产经营主体提供各种服务的部门，是与农业相关的一切社会经济组织。

农业社会化服务主要包括为农民提供的产前、产中和产后的全过程综合配套服务。根据农民生产需求的多样性和复杂性，农业社会化服务的内容大体包括以下8个方面：一是供应服务，主要有化肥、种子、农药的供应，资金的供应，农机配件和农电供应等；二是销售服务，主要是农产品销售服务，旨在解决农民的卖难问题；三是加工服务，主要有畜禽饲料加工，农产品的初级加工、保鲜加工等；四是储运服务，主要有修筑道路、开通航道、组织农产品运输等；五是科技服务，主要包括水利、农机、畜牧兽医、作物栽培、良种繁育、植物保护等所需要的技术指导，重点是技术培训、技术咨询、技术承包；六是信息服务，主要为农户家庭经营提供所需的产品供求信息、价格信息等服务；七是法律服务，主要有法律咨询、契约公证、合同仲裁和提供诉讼方便，保护农民的合法权益；八是经营决策服务，主要包括生产计划的安排，项目选定，产品的销向和经营方面的意见、建议等。

8. 流通领域 人人都感觉食品价格上涨，仔细分析这种上涨更多体现在流通环节，而非生产环节，真正的生产者生产出来的产品价格并不高。因此，如果能在流通领域找到合适切入口，应该是不错的创业方向。比如，一些在一线城市学习和工作的人可以考虑把家乡的优势农产品输入到这些城市，以微店、淘宝店等形式出售，赚取差价；或者推销等关系向对口单位供应农产品。这是目前新兴的一种创业模式，成本低，风险低，也会得到不小的收益。

【典型案例】

青岛一高校现"淘宝班"学生能边上课边挣钱

在黄海学院有这么一个特殊的大学生群体，他们拥有各自的"淘宝店"，教室里也放着各式各样的货品，上课时可以一边听老师讲课，一边打开电脑在网上接订单……这就是该校联手阿里巴巴等国内知名电商打造的大学生就业创业孵化基地，传授学生电商生意经，培养的学生或进入阿里巴巴、淘宝、天猫会员企业工作，或自己创业开网店做电商，让一个个大学生从菜鸟变身为电商达人。

孵化基地的学员来自学校的各个专业，涉及电子商务、计算机应用技术、计算机信息管理、艺术设计等相关专业。从电商平台注册开通、网店运营推广、网店美工装修、客户关系管理、产品拍摄与技巧，数据营销，到网罗客户、报价跟进、签订合同、商务英语应用，再到产品发布、开发客户、参加展会、推广运营、入企成单，搭建了一系列的课程学习及平台实践。

"经过对同行的分析并结合自己店铺的品牌定位，决定走差异化路线来提升点击量。因为店铺名叫长白山姑娘，所以老师帮我们策划出了符合品牌特征并且唯美的主图，身穿白色上衣的长白山姑娘微笑着捧着香瓜，里面是泡好的雪蛤，背景是长白山风景，展现在顾客的眼前。这样做既达到了长期塑造品牌的目的，也达到了提升宝贝点击率的目的，一箭双雕"。殷邦云说，今年9月份才正式上线的店铺目前已经有5钻，交易了2 832笔业务。

（资料改编自：http://qingdao.iqilu.com/qdminsheng/2014/1122/2222540.shtml）

【案例分析】

　　紧跟时代步伐，充分利用网络优势，塑造自己，发挥互联网的优势，做到既懂又通，从而达到销售产品，产生收益的目的。

【模块小结】

　　加快全国农产品市场体系转型升级，着力加强设施建设和配套服务，健全交易制度。完善全国农产品流通骨干网络，加大重要农产品仓储物流设施建设力度。加快千亿斤粮食新建仓容建设进度，尽快形成中央和地方职责分工明确的粮食收储机制，提高粮食收储保障能力。继续实施农户科学储粮工程。加强农产品产地市场建设，加快构建跨区域冷链物流体系，继续开展公益性农产品批发市场建设试点。推进合作社与超市、学校、企业、社区对接。清理整顿农产品运销乱收费问题。发展农产品期货交易，开发农产品期货交易新品种。支持电商、物流、商贸、金融等企业参与涉农电子商务平台建设。开展电子商务进农村综合示范。

农业企业创业计划书

企业名称
创业者姓名
日期
通信地址
邮政编码
电话
传真
电子邮件

（一）企业概况

企业概述：

企业类型：农业种植（　　）农业养殖（　　）农资经营（　　）家庭服务（　　）农机经营（　　）新型产业（　　）其他（　　）

（二）创业计划者的个人情况

以往的相关经验（包括时间）：

教育背景，所学习的相关课程（包括时间）：

（三）市场评估

农业企业目标客户及潜在客户描述：

产品市场容量或本企业预计市场占有率：

企业未来市场容量变化趋势及前景：

SOWT 分析

优势	劣势
机会	威胁

（四）市场营销计划

1. 产品

农业产品或提供的服务	主要特点

2. 价格

农业产品或提供的服务	成本价	销售价	竞争对手的价格
折扣销售			
赊账销售			

3. 地点

经营地址	面积	租金或建筑成本	选择此地址的原因

4. 促销

将把产品或服务提供给：最终消费者（　）零售商（　）批发商（　）

选择该销售方式的原因：

人员推销		成本预测	
广告		成本预测	
公共关系		成本预测	
营业推广		成本预测	

（五）企业组织结构

企业将登记注册成：

个体工商户（　）农村家庭承包（　）个人独资企业（　）合伙企业（　）

农民专业合作社（　）有限责任公司（　）其他（　）

拟用的企业名称：

员工工作描述书（工作岗位说明、部门管理规范等，可另附页）

合伙人协议

项　目	合伙人一	合伙人二	合伙人三	合伙人四
出资方式				
出资数额与期限				
利润分配和亏损分摊				
经营分工、权限和责任				
合伙人个人承担的责任				
协议变更和终止				
其他条款				

（六）固定资产

1. 工具和设备

名称	数量	单价	总费用	供货商信息

2. 交通工具

名称	数量	单价	总费用	供货商信息

3. 办公家具和设备

名称	数量	单价	总费用	供货商信息

4. 固定资产和折旧概要

项目	价值	年折旧	月折旧
合计			

（七）流动资金

1. 原材料和包装

名称	数量	单价	总费用	供货商信息

2. 其他经营费用（不包括折旧费和贷款利息）

项目	费用	备注

（八）销售收入预测（12 个月）

项目	1月	2月	3月	4月	5月	6月	7月	8月	9月	10月	11月	12月	合计
销售数量													
平均单价													
月销售额													
销售数量													
平均单价													
月销售额													
销售数量													
平均单价													
月销售额													

（续）

	项目	1月	2月	3月	4月	5月	6月	7月	8月	9月	10月	11月	12月	合计
	销售数量													
	平均单价													
	月销售额													
	销售数量													
	平均单价													
	月销售额													
	销售数量													
	平均单价													
	月销售额													
	销售数量													
	平均单价													
	月销售额													
	销售数量													
	平均单价													
	月销售额													
合计	销售总量													
计	销售总收入													

（九）销售成本计划

项目	1月	2月	3月	4月	5月	6月	7月	8月	9月	10月	11月	12月
含税销售收入（万）												
流转税												
销售额												
直接材料成本												
直接人工成本												
毛利												
间接成本												
纯利												

（十）现金流量计划

	项目	1月	2月	3月	4月	5月	6月	7月	8月	9月	10月	11月	12月	合计
现金流入	月期现金状况													
	业主投资													
	银行贷款													
	现金销售收入													
	赊账销售收入													
	现金流入总额													
现金流出	机器、设备投资													
	厂房和土地投资													
	直接材料成本													
	直接人工成本													
	开办费用													
	土地租金													
	机械租金													
	农业保险费用													
	其他简介成本													
	现金流出总额													
月底现金														

国际劳工组织北京局 . 2013. 创办你的企业 ［M］. 北京：中国劳动社会保障出版社 .

胡春明 . 2014. 中国现代农业园区深度调研与投资战略分析报告 ［M］. 深圳：前瞻产业研究院 .

刘云海 . 2015. 新型职业农民创业实务教程 ［M］. 北京：中国农业出版社 .

刘志，刘银来 . 2012. 现代农业创业基础 ［M］. 武汉：湖北科学技术出版社 .

马俊哲 . 2015. 现代农民创业实务 ［M］. 北京：中国农业大学出版社 .

农业部农民科技教育培训中心，中央农业广播电视学校 . 2010. 开始你的农业创业——农业创业培训教程 ［M］. 北京：中国农业出版社 .

涂同明 . 2010. 新型农民创业培训教程 ［M］. 武汉：湖北科技出版社 .

王文新 . 2014. 新型职业农民创业培训教程 ［M］. 北京：中国农业科学技出版社 .

曾学文 . 2012. 农民创业培训实用教程 ［M］. 北京：中国农业科学技术出版社 .

朱明德 . 2011. 现代农业 ［M］. 重庆：重庆大学出版社 .

图书在版编目（CIP）数据

现代农业创业／李晓华，罗丕东，岳玉书主编.—
北京：中国农业出版社，2017.5（2019.1重印）
新型职业农民培育工程规划教材
ISBN 978-7-109-22667-8

Ⅰ.①现…　Ⅱ.①李…②罗…③岳…　Ⅲ.①农民-
创业-技术培训-教材　Ⅳ.①F323.6

中国版本图书馆 CIP 数据核字（2016）第 324033 号

中国农业出版社出版
（北京市朝阳区麦子店街 18 号楼）
（邮政编码 100125）
责任编辑　王黎黎
北京万友印刷有限公司印刷　新华书店北京发行所发行
2017 年 5 月第 1 版　2019 年 1 月北京第 2 次印刷

开本：720mm×960mm　1/16　印张：9.25
字数：220 千字
定价：32.00 元
（凡本版图书出现印刷、装订错误，请向出版社发行部调换）